마법의 보물지도

MIRU DAKE DE 9WARI KANAU!
MAHO NO TAKARA CHIZU
© Toshitaka Mochizuki 2020
First published in Japan in 2020 by KADOKAWA CORPORATION, Tokyo.
Korean translation rights arranged with KADOKAWA CORPORATION,
Tokyo through ENTERS KOREA CO., LTD.

이 책의 한국어판 저작권은 (주)엔터스코리아를 통해
저작권자와 독점 계약한 나라원에 있습니다.
저작권법에 의하여 한국 내에서 보호를 받는 저작물이므로
무단전재와 무단복제를 금합니다.

하루 3분, 보기만 해도 꿈이 이루어지는

마법의 보물지도

모치즈키 도시타카 지음 | 은영미 옮김

90% come true
just by looking
Magic treasure map

나라원

| 프롤로그 |
꿈꾸는 방향으로 이끄는 보물지도의 매력

'생각해놓은 꿈은 있지만 어떻게 시작해야 할지 모르겠다.'
'나답게 살고 싶지만 자꾸만 남의 의견에 휘둘린다.'
'마음껏 쓸 돈과 시간이 있었으면 좋겠다.'
'한 번뿐인 인생, 누구에게도 얽매이지 않고 마음먹은 대로 살고 싶다.'

이처럼 우리는 다양한 고민과 소망을 품고 산다.

나는 지금까지 꿈을 이룰 수 있도록 수십만 명을 지도하면서 꿈을 이루는 사람과 그렇지 못하는 사람의 가장 큰 공통점을 발견했다. 꿈을 이루지 못하는 사람들은 목표를 성취하지 못하는 데 대한 '편견'과 '핑계'가 있었다. 즉, 간절히 이루고픈 꿈은 있지만 바빠서 꿈에 쏟을 시간이 없다거나 자신감이 부족하고, 남의 눈이 신경 쓰이지만 자신을 도와줄 만한 사람이나 인맥도 없고, 그렇다고 혼자서는 도저히 무리라고 생각한다. 결국 꿈은 몽상일 뿐이라는 등의 다양한 핑계를 대고 포기하고 만다. 어쩌면 이 책을 읽는 당신도 공감하는 부분이 있을지 모르겠다.

하지만 안심하자. 보물지도의 개념을 익히고 보물지도를 만들다 보면 자연스럽게 편견이나 핑계가 사라지고 그 자리에 꿈과 희망이 자라게 될 것이다.

보물지도는 세계 여러 나라에서 '드림 맵', '비전보드', '드림보드' 등으로 불리며 과학적으로 입증된 자아실현법이라는 평가를 받아왔다. 보물지도는 딱 3단계만 거치면 된다.

① 커다란 종이에 '꿈을 써넣고 꿈과 관련된 사진이나 그림'을 붙인다(이것이 바로 보물지도).
② 완성된 보물지도를 눈에 띄는 곳에 둔다.
③ 하루 3분씩 바라본다(매일매일 자주 볼수록 효과적).

단지 이것만 해도 마음 안에 자리한 잡념이 사라지고 짧은 시간 안에 목표를 이룰 수 있다.

'종이에 꿈 사진만 붙여놓아도 꿈이 이뤄진다고? 그렇게 기적 같은 방법이 있을 리 없어'라고 의심할 수도 있다. 물론 나는 근거 없는 이야기를 할 생각은 없다. 자, 그럼 보물지도가 왜 자아실현에 효과적인지 과학적인 근거를 들어 설명하겠다.

보물지도를 보기만 해도 꿈이 이루어지는 이유

미국의 코넬 대학교 브라이언 원싱크 교수가 흥미로운 연구 결과를 발표했다.

연구진은 총 240가구의 주방 사진을 찍은 뒤 가구별로 체중과의 관계성을 조사했다. 그러자 다음과 같은 결과가 나왔다.

- 눈에 잘 띄는 곳에 건강에 해로운 음료수가 있는 가정은 그렇지 않은 가정보다 체중이 평균 11kg 더 많았다.
- 눈에 잘 띄는 곳에 건강에 좋은 과일이 있는 가정은 그렇지 않은 가정보다 체중이 평균 5.8kg 더 적었다.

이와 같이 평소 눈에 잘 띄는 곳에 건강한 음식을 두느냐 해로운 음식을 두느냐에 따라 체중에 자그마치 16.8kg이나 차이가 난다.

꿈을 음식에 비유하는 건 무리일지도 모르겠다. 하지만 평소 눈에 잘 띄는 곳에 꿈과 관련된 긍정적인 사진과 글을 써서 붙여 두고 매일 잠깐씩 바라만 보아도 우리 뇌에 긍정적인 이미지가 박힌다는 건 분명하다. 그 이미지는 바쁜 일상에서 우리가 길을 잃지 않고 꿈꾸는 방향으로 나아가도록 이끈다. 이것이 수많은 사람이 체험한 보물지도의 마법이다.

보물지도에는 동서고금의 성공 법칙이 집대성되어 있다. 앞으로 어떤 꿈 실현법이 등장한다 해도 반드시 그 일부분에는 보물지도의 핵심이 담겨 있을 것이다. 그렇기에 이 책을 단지 읽기만 해도 꿈을 이루는 사람의 비밀과 밝은 미래를 여는 과학적인 방법을 익힐 수 있다.

이 책은 전작 《보물지도》를 기본으로 하되 인생 전반에 도움이 될 기법을 곁들여 다음과 같이 구성했다.

1장에서는 '꿈이 현실이 되는 이유'를 과학적으로 해설한다. 그리고 보물지도를 만들기 전 준비 단계로 밝은 미래를 끌어당기는 뇌의 비밀을 설명한다.

2장에서는 본격적으로 자신만의 보물지도를 만든다. 기본 사용법은 물론 VR(가상현실)과 SNS 등을 활용한 '보물지도 2.0'을 소개하겠다.

3장에서는 보물지도가 과학적인 자아실현법인 근거를 인간이 가진 '4가지 뇌 버릇'으로 밝힌다. 삶의 중심이 흔들리지 않게 마음을 다잡는 방법도 설명한다.

4장에서는 보물지도 효과를 극대화하는 '인간관계를 통한 자아실현'이라는 주제로 필자가 오랫동안 검증해온 방법을 쉽게 풀어낸다.

5장에서는 목표를 이룰 수 있도록 '내 편을 늘리는 전달력'을 공개한다. 이로써 혼자서는 할 수 없던 일도 가능해진다.

6장에서는 '목표를 이룰 때까지 갖춰야 할 습관'에 대해 설명한다. 긍정적인 생각만으로는 일이 잘 풀리지 않았던 적이 있는 사람이라면 이 장을 꼭 읽기 바란다.

7장에서는 보물지도로 '나만의 재능을 개발하는 방법'을 소개한다. 밝은 미래로 이끌 '행복의 씨앗'을 찾는 법을 알 수 있다.

보물지도로 꿈을 이룬 사람들

여기까지 읽은 당신은 '결국 자신의 노력에 달렸다거나 끈기가 필요하다는 식의 뻔한 논리로 끝나겠군' 하는 선입견을 가질 수 있다. 하지만 아무리 좋은 계획도 매번 작심삼일로 끝났거나 다양한 성공법칙을 시도했으나 실패했던 사람 중에도 보물지도를 활용한 후 큰 성과를 거둔 예가 많다.

"저는 서른여덟 살에 오래 사귄 연인에게 버림받았지만, 이상형을 만나 두 달만에 결혼했답니다. 지금은 살고 싶던 동네의 집을 사서 행복한 나날을 보내고 있습니다. 저는 '연애 보물지도' 강사로 일한 지 4년 됐어요. 그간 800명이 넘는 분들이 제 강의를 들어주셨죠. 천직을 찾게 된 것도 사랑하는 사람을 만나게 된 것도 다 보물지도 덕분입니다."

"저는 많은 빚을 지고 가족을 길에 나앉게 할 정도로 능력 없는 세일즈맨이었어요. 그런데 보물지도 덕분에 톱 세일즈맨으로 성장했습니다. 현재는 연매출 70억 원의 회사를 경영하며 책도 냈고, 연간 100회의 강연도 하고 있어요. 또 오랜 꿈이었던 라디오 프로그램도 진행하고 있죠. 요즘 너무 행복합니다."

"두 번의 파산 위기, 기나긴 병치레……. 희망을 잃고 자살만 생각하던 그때 모치즈키 씨의 보물지도 세미나에 참석해 천직을 발견했고, 로푸드 스쿨을 열게 되었습니다. 저에 관한 기사가 약 20개 잡지에 게재되기도 했고요. TV에 출연하고 7권의 책을 출간하는 등 꿈을 이루며 풍족한 인생을 살고 있습니다."

이외에도 보물지도를 활용해 꿈을 이룬 사례는 셀 수 없이 많다. 요즘처럼 힘든 시기에 포기하고 주저앉아 있는 사람 사이에서 누군가는 굳건히 일어서 자신의 꿈을 이룬다. 실현 가능성에 대한 의구심은 접어두고 일단 당신의 꿈을 담은 보물지도를 만들어보자.

구구절절한 설명은 접어두고 보물지도를 만드는 것부터 시작하고 싶다면 2장부터 읽어도 좋다. 보물지도를 만드는 방법도 활용 방법도 전혀 어렵지 않다. 당신이 할 것은 이 책에 쓰인 대로 실천하면 그뿐, 너무 쉬워서 놀랄지도 모르겠다.

부디 보물지도를 통해 독자 여러분 모두가 꿈과 목표를 이룰 수 있기를 간절히 소망한다.

모치즈키 도시타카

| 차례 |

프롤로그_ 꿈꾸는 방향으로 이끄는 보물지도의 매력 …… 5

1장 간절히 꿈꾸면 현실이 되는 이유

꿈의 평균수명은 0.2초 …… 19
왜 꿈을 계속 간직하면 현실이 달라질까? …… 21
틀을 바꿔야 미래가 달라진다 …… 23
스마트폰으로 살펴보는 패러다임 전환의 역사 …… 26
보는 방식을 바꾸면 모든 것이 달라진다 …… 29
최고의 마법사가 이루어낸 3가지 체인지 …… 31
한계를 느낄 때야말로 도전을 시작할 때다 …… 33
준비한 사람만이 행운을 얻을 수 있다 …… 35
틀을 깨고 한계를 뛰어넘는다 …… 37
화장실 청소를 천직으로 삼은 한 남자의 도전 …… 39
시공을 뛰어넘는 상상력의 힘 …… 43
자신의 꿈을 남이 대신 이루게 하는 방법 …… 45
꿈을 가지면 좋은 13가지 이유 …… 48

2장 최고의 자아실현법 보물지도 2.0

오늘부터 실천하는 보물지도의 4가지 포인트 ····· 53
문자보다 머릿속에 더 각인되는 이미지의 힘 ····· 58
체스 선수의 뇌 사용법을 활용한 보물지도 ····· 60
무엇을 자주 접하느냐에 따라 미래가 달라진다 ····· 62
단 한 번의 성공은 또 다른 성공을 부른다 ····· 65
키자니아에서 발견한 보물지도의 중요한 가치 ····· 67
리얼 보물지도로 미래를 선점하는 방법 ····· 69
13가지 질문으로 원하는 미래를 그려보자 ····· 71
간단하게 완성하는 보물지도 만들기 8단계 ····· 73
보물지도로 돈과 사랑을 내 마음대로 ····· 76
온라인 보물지도와 SNS 보물지도 ····· 80
SNS 보물지도가 불러오는 마법 같은 변화 ····· 83
효과가 탁월한 1일 완결형 데일리 보물지도 ····· 85
보물지도는 누구와 만드는 게 최선일까? ····· 87

3장 보물지도가 왜 과학적인가

뇌 습관을 알아야 보물지도 활용법이 보인다 ····· 93
주위의 소음에 쉽게 휩쓸리는 이유 ····· 96
성공의 가능성은 자기 관찰에 의해 높아진다 ····· 98
자기 관찰보다 고통을 선택하는 현대인 ····· 100
해석만 바꾸면 답은 쉽게 찾을 수 있다 ····· 103
스탠포드 대학교가 증명한 문답의 중요성 ····· 105

뇌는 적절한 보상 없이 움직이지 않는다 …… 107
보물지도는 나를 움직이는 최고의 보상 시스템 …… 110
에디슨의 일화로 살펴보는 고정관념의 위험성 …… 112

4장 보물지도 효과를 극대화하는 인간관계

모든 문제를 해결하는 마법의 여섯 글자 …… 119
나에게 필요해도 모두에게 그렇지 않다는 것 …… 121
어떤 난제도 누군가는 해결한다 …… 123
남의 꿈을 많이 들을수록 큰 미래가 열린다 …… 125
세로 인맥과 가로 인맥의 차이점 …… 127
성공한 사람들과 어울려야 하는 이유 …… 129
원하는 상대와 순식간에 좋은 관계를 맺는 방법 …… 131
인간관계가 보물지도의 성공률을 높인다 …… 134
존경하는 인물의 사고 회로를 내 머릿속에 심자 …… 136
서로 성장하는 가장 이상적인 인간관계 …… 140

5장 내 꿈의 조력자를 늘리는 전달력

내 말이 상대에게 잘 전달되지 않는 이유 …… 145
숫자보다 이야기가 잘 기억되는 과학적 근거 …… 148
스토리텔링은 최고의 대화 기법이다 …… 150
마음을 끌어당기는 '클리프 행거의 원리' …… 152
전달력을 높이는 BAS법 따라 하기 …… 155

6장 어떤 꿈도 실현하는 습관의 힘

파산 직전의 회사를 회생시킨 '보편타당한 습관' ······ 163
작은 손길로 다시 태어난 20세기 최고의 뮤지컬 ······ 166
미국의 억만장자가 30년간 지켜온 작은 습관 ······ 168
최신 데이터로 알아보는 66일의 습관화 이론 ······ 170
아침의 상태가 회복과 성장을 좌우한다 ······ 173
긍정 대 부정의 최종 결론 ······ 175
나쁜 습관을 없애는 간단한 방법 ······ 178
범죄도시의 재범률을 57% 줄인 파격적 기획 ······ 182
실패는 공유를 통해 새로운 가치를 낳는다 ······ 185
1초 에퍼메이션과 보물지도와의 대화 ······ 187
마음의 결핍을 메우는 감사의 습관화 ······ 191
존경심은 지속적인 동기부여가 된다 ······ 196

7장 보물지도로 나만의 재능을 개발한다

내가 좋아하는 일로 많은 다른 사람을 돕는다는 것 ······ 203
어느 시대에도 성공하는 사람의 3가지 요소 ······ 205
AI시대에서 생존하는 4가지 인간다움 ······ 207
나의 가치를 높이는 나눔의 법칙 ······ 209
밝은 미래를 끌어당기는 행복의 씨앗 찾기 ······ 215

에필로그_ 포기하지 않으면 불가능한 꿈은 없다 ······ 219

1장

간절히 꿈꾸면
현실이 되는 이유

꿈의 평균수명은 0.2초

당신은 꿈이 생기면 얼마나 오래 간직하는 편인가?
이를테면 '꿈의 평균수명'이라고 할 수 있겠다.
'맨바닥에서 3년은 버텨야 한다는 말이 있으니, 한 3년 정도?'
'적어도 5년 아니면 10년? 꿈은 계속 좇지 않으면 이뤄지지 않으니까.'
라고 대답한다면 그나마 괜찮다. 하지만 대부분은 자신도 의식하지 못한 채 어느샌가 꿈을 잊어버리고 산다.

미국의 생리학자 벤자민 리벳이 '자유의지'를 과학적으로 검증했는데, 그 이론에 따르면 인간이 스스로 어떤 행동을 할지 말지를 결정하는 데 걸리는 시간이 약 0.2초라고 한다.

당신이 멋진 집을 보고 '나도 저런 근사한 집에서 살고 싶다'고 생각했다고 하자. 하지만 곧이어 '아냐, 나는 불가능해'라고 뇌가 감지한다면 그 꿈은 0.2초 만에 기억 저편으로 사라진다.

또한 동경하는 사람을 보며 '나도 저 사람처럼 되고 싶다'라고 생각했다가도 '그렇지만 내게는 저 사람 같은 재능이 없어'라고 부정한다면 0.2초 만에 그 꿈은 물거품이 된다.

'크루즈선을 타고 세계일주 여행을 하고 싶어! 20개국, 40개 기항지, 100일 여행이 좋겠어'라고 생각한 순간 '어리석긴! 그건 망상일 뿐이야. 현실을 생각해봐. 회사 다니면서 3개월 이상 쉴 수 없을뿐더러 무엇보다 내겐 그럴 돈이 없어……'라고 부정한다면 그 꿈은 바닷가에 쌓은 모래성처럼 흔적도 없이 사라진다.

꿈의 평균수명은 불과 0.2초. 무수한 변명을 대며 아무런 행동도 하지 않으면 0.2초 만에 꿈을 포기하고 마는 셈이다. 그렇게 되면 꿈을 결코 이룰 수 없다.

왜 꿈을 계속 간직하면 현실이 달라질까?

그렇다면 꿈을 계속 간직하며 살기 위해서는 구체적으로 어떻게 행동해야 할까? 꿈을 간직하고 살다가 반드시 이루어내는 사람은 도대체 무엇을 어떻게 하고 있는 것일까?

답은 사실 간단하다. 무조건 꾸준히 도전하면 된다.

반대로 말하면, 그렇게까지 도전하고 싶은 꿈이 아니라면 이루어지지 않는다. 즉, 마음속에 꿈을 계속 품고 살 수만 있다면 그 꿈은 이루어진다. '언젠간 반드시 이루어질 꿈이기에 마음에 머무는 것'이다.

'그렇다면 나는 틀렸어. 그렇게 오래 간직할 만한 꿈이 없거든!' 하고 0.2초 만에 부정했다면 잠깐 그 생각을 멈추기 바란다.

바로 그런 생각을 바꾸고자 이 책을 썼기 때문이다.

다시 정리해보자.

'꿈을 이루지 못하는 것은 시간도 자신감도 돈이 없어서도 아니라 0.2초 만에 잊어버리기 때문이다. 반대로 꿈을 잊지 않고 산다는 것은 그만큼 간절하다는 증거다. 필요한 행동을 반복해서 실천하면 꿈은 현실이 된다.'

마음속에 간직해온 꿈이 이루어지면 그 꿈이 더욱더 매력적인 다른 꿈을 끌어당기고, 당신에게는 좋은 일들만 계속해서 일어난다.

사람이라면 누구나 꿈을 현실로 만들고, 만족하는 삶을 살고 싶을 것이다. 하지만 포기하거나, 아무런 행동도 하지 않거나, 망상으로 치부한다면 꿈을 절대 이룰 수 없다.

그렇다면 '꿈을 잊지 않고 반드시 이루어내는 사람'과 '꿈을 잊어버리고 사는 사람'은 어떤 차이가 있을까? 그 차이에 대해 지금부터 이야기하도록 하겠다.

틀을 바꿔야 미래가 달라진다

1832년 3월, 한 명의 천재가 세상을 떠났다. 그의 이름은 요한 볼프강 폰 괴테. 인문과학, 자연과학, 사회과학의 전 분야에서 열정적으로 활약한 독일의 대문호다.

그는 생명의 등불이 꺼지기 직전까지 글을 썼다. 자신이 발견한 것을 세상에 전하고 싶었기 때문이다. 그는 임종하기 며칠 전 친구인 언어학자 칼 빌헬름 폰 훔볼트에게 다음과 같은 편지를 썼다.

'인간의 뇌는 연습, 훈련, 심사숙고, 성공이나 실패, 촉진이나 저항에 의해 무의식중에 필요한 것들을 연결하는 법을 배운다.

그리고 몸에 익힌 습성과 직감이 서로 협력해 불가사의한 조화를 가져온다.'

이러한 괴테의 발견은 인류가 어떻게 미래를 창조하고, 또 진화해왔는지를 잘 설명해주고 있다.

이 세상은 자연물을 제외하고는 대부분 어떤 이들의 꿈을 통해 만들어졌다. 누군가 '이런 게 있었으면 좋겠다'고 생각했기에 발명되었고, 우리는 그들이 그렇게 발명한 세계에서 살고 있다. 그렇다면 그들은 미래를 어떻게 발명할 수 있었을까?

그들의 머릿속에는 자신이 원하는 미래가 선명하게 그려졌고, 그들은 그 미래가 반드시 올 것이라고 믿었다. 그렇지만 우리는 대부분 그것이 불가능하다.

왜 그럴까? 그들은 낡은 가치관과 사고방식, 즉 이전의 패러다임을 새로이 바꾸는 방법을 알고 있었기 때문이다.

인간은 수많은 '틀'을 가지고 사는 생물이다. 그래서 언뜻 보면 정반대인 것이 많다. 가령 '말'과 '이미지', '구체성'과 '추상성', '주관성'과 '객관성', '안'과 '밖'의 틀이 그것이다.

위인이나 천재적 능력을 발휘하는 사람들은 그 틀을 깨고 둘을 연결해 자유롭게 의미를 바꿔가며 다양한 가능성을 발견했다. 위인들의 이러한 패러다임 전환은 곧 '시각의 전환'이다.

틀은 사고의 틀, 상식의 틀과 같이 머릿속에 숨어 있는 것뿐 아니라 행동의 틀, 습관의 틀, 인간관계의 틀, 일의 틀 등 겉으로 드러나는 것까지 다양하다. 그러나 그것이 어떤 틀이든 시각 전환을 통해 깰 수 있고 전혀 새로운 것으로 바꿔놓을 수도 있다.

우리 인생은 지금 이 순간도 고정되고 습관처럼 굳어진 틀에 맞춰 자동으로 진행되고 있는지도 모른다. 하지만 틀이 바뀌면 세상을 보는 시각이 달라지고, 시각이 달라지면 보물지도를 통해 꿈을 이룰 확률은 극적으로 높아진다. 즉, 시각을 바꾸는 기법이 최고의 보물지도를 만드는 준비라고 할 수 있다.

스마트폰으로 살펴보는
패러다임 전환의 역사

    선구자들은 시각의 전환을 최대한 활용해 일찌감치 기존의 틀을 깼다. 가령 스마트폰도 시각 전환의 산물이다. 그 역사를 되짚어보자.

    인류는 5000년 전부터 '글자'를 가지고 있었다. 그리고 10세기에 중국에서 '활자'가 탄생했다. 여기서 '수기(手記)'라는 틀이 깨졌다.

    1440년대, 독일의 요하네스 구텐베르크가 포도압착기를 개량해 만들어낸 것이 '활판인쇄'다. 여기서 생산성의 틀이 깨졌다. 그러나 인쇄된 것은 성경뿐, 이것도 엄중하게 보관되어 일부 성직자만 열람할 수 있었다.

1495년, 이탈리아의 알두스 마누티우스가 '책'을 발명했다. 그렇게 인쇄물의 형상과 내용의 틀을 깨고 성경 이외의 읽을거리가 탄생되었다.

독일의 신학자 마틴 루터는 인쇄술에 감동했다. 그리고 라틴어 성경을 독일어로 번역해 독일 각 지방의 농민들에게 성경을 보급하고자 표준 독일어를 발명했다. 즉 '언어'의 틀이 깨졌다.

그리고 시간은 흘러 1977년, 미국의 한 남자가 '다이내믹한 책(다이너북)'이라는 개념을 〈Personal Dynamic Media〉라는 논문에 발표하게 된다.

'모양도 크기도 노트처럼 휴대가 쉬운 독립식 정보 기계가 있다고 하자. 이 기계는 인간의 시각, 청각에 맞먹는 기능을 가지고 수천 쪽의 참고 자료, 시, 편지, 레시피, 기록, 그림, 애니메이션, 악보, 소리의 파형, 동적인 시뮬레이션 등을 비롯해 기억하거나 변경하고 싶은 모든 것을 담아 나중에 언제든 꺼낼 수 있는 능력을 갖게 될 것이다.'

그리고 그는 한 가지 말을 만들어냈다. 바로 '퍼스널 컴퓨터(PC)'다. 그 말을 만들어낸 남자의 이름은 앨런 케이다. 이로써 마침내 '정보매체'라는 틀이 깨졌다. 케이의 팀은 이 개념을 통해 'Alto(알토)'라는 시제기를 만들었다.

애플 창업자 스티브 잡스는 이에 충격을 받고 매킨토시 개발에 나섰다. 그리고 잡스가 깬 것이 '전자기기의 디자인과 기능'이라는 틀이다. 우리의 스마트폰과 태블릿은 이러한 역사 위에 존재한다.

"미래를 예측하는 최선의 방법은 그것을 발명하는 것이다."
"미래는 그냥 거기에 있는 것이 아니다. 미래는 우리가 결정하는 것이고 우주의 기존 법칙을 위반하지 않는 범위에서 원하는 방향으로 몰고 갈 수 있다."

앨런 케이가 한 말이다.

보는 방식을 바꾸면
모든 것이 달라진다

틀을 깨는 역사는 앞으로도 계속될 것이다. AI(인공지능)도 우리를 도와줄 것이 분명하다. 이 시대가 우리의 시각을 바꿔놓을 사람을 원하고 있기 때문이다.

시각을 바꾸는 기법은 자신을 '내 삶의 주인공'으로 만드는 기술이기도 하다. 현실을 수동적으로 받아들이지 않고, 나 자신을 있는 그대로 바라보며 살아가면서 원하는 대로 미래를 개척할 수 있다.

또한 주위 사람들의 틀도 깰 수 있다. 상상력과 창조력을 마음껏 활용해 그들의 열정에 불을 지피고, 꿈을 그리게 하며, 영감을 이끌어내는 것이다.

영국의 신경과학자 보 로토는 그의 저서 《그러므로 나는 의심한다》(해나무 출간)에서 이렇게 말한다.

'우리는 상상을 통해 실제로 자신의 신경세포(그리고 역사)를 변화시킬 수 있고, 따라서 지각적 행동도 변화시킬 수 있다.'
'보는 방식을 바꾸면 모든 것이 바뀐다.'

당신이 지금 어떤 상황에 있든 걱정하지 않아도 된다. 앞으로 전할 보물지도는 당신이 상상한 대로 자신의 이야기를 만들어나갈 수 있도록 끌어줄 것이다. 이를 위해 스스로 그 힘을 깨달아야 한다.
우선 알아야 할 것은 시각의 전환이 가진 2가지 힘이다.
'자신의 틀을 깨는 힘'과 '타인의 틀을 깨는 힘', 이 2가지 힘을 발휘해 꿈을 현실로 만들고, 내 미래를 내 뜻대로 밝게 펼쳐나갈 수 있다.
먼저 전자부터 살펴보자. '자신의 틀을 깨는 힘'은 4단계를 거치게 된다.

최고의 마법사가 이루어낸
3가지 체인지

맨 먼저 1단계는 'Change(바꾸기)', 즉 자신의 태도와 자세를 깨는 것이다.

미국의 마술사인 스티브 코엔은 보편적인 마술사를 뛰어넘어 독보적인 존재가 되고자 3가지를 바꿨다.

맨 처음 바꾼 건 '말'이다. 그는 자신을 '밀리어네어스 매지션(부유층을 위한 마술사)'이라고 칭했다. 일반인 관객을 대상으로 하는 평범한 마술사가 아닌, 상위 1%의 부자를 고객으로 삼기로 한 것이다.

그다음으로 바꾼 것은 '이미지'였다. 고가의 이탈리안 정장을 여러 벌 구입하고 손목시계도 고급시계인 프랭크뮬러로 바꿨다.

업계에서는 이례적인 프로모션 동영상을 만들고 홈페이지도 바꿨다. 명함도 바꿨는데 그 명함에는 이렇게 쓰여 있었다.

'밀리어네이스 매지션 - 고품격 이벤트를 위한 엔터테인먼트'

물론 금문자로 인쇄되어 있었다. 그는 자신의 각오를 다른 이들에게 알리는 걸 잊지 않았다.

세 번째로 바꾼 것은 '행동'이다. 그의 체인지 목표에 아내, 친구, 매니저도 처음엔 반대했다. 하지만 그는 용감하게 행동하기로 했다. 자신이 정한 조건이 아니면 과감하게 거절하고 출연료도 대폭 올렸다. 또한 아무리 좋은 조건이라도 고품격 행사가 아니면 거절했다. 코엔은 말했다.

"손을 뻗지 않으면 결코 닿을 수 없는, 높이 매달린 사과가 되기로 했다."

이러한 노력은 마침내 결실을 맺었다. 고급 호텔에서의 쇼는 몇 달 뒤까지 예약이 꽉 찼고 대기자들도 줄을 섰다. 데이비드 록펠러, 대기업가 잭 웰치, 전 뉴욕 시장이자 대통령 후보였던 마이클 블룸버그 등 쟁쟁한 사람들이 그를 불렀고 그의 무대에 찬사를 보냈다. 말, 이미지, 행동, 이 3가지 요소를 바꾸는 것이 자신의 틀을 깨는 첫 번째 단계다.

한계를 느낄 때야말로
도전을 시작할 때다

자신의 틀을 깨기 위한 2단계는 'Challenge(도전하기)', 즉 자신의 한계를 깨는 것이다.

제1차 세계대전이 종반에 다다르던 1918년 봄. 독일의 맹공에 프랑스군은 갈수록 피폐해졌다. 당시 전선이 한곳이라도 깨지면 수도 파리가 순식간에 함락될 처지였다.

그러한 비상 상황에서 프랑스군은 우연히 한 통의 무선 암호를 감청하게 되었다. 독일의 참모 본부가 전선사령부에 타전한 암호였다.

'다음 공격 장소를 예측할 수 있다!'는 기쁨도 잠시, 사령실은 패닉 상태에 휩싸였다. 한 번도 들어보지 못한 완전히 새로운 유형의 암호였기 때문이다. 우선은 암호의 해독 방법부터 연구해야 했다. 기습 시기는 시시각각 다가오고 있었다.

그때 한 육군 중위가 암호를 해독해보겠다고 자청했다. 그의 이름은 조르주 팽뱅, 입대 전 생물학과 지리학을 가르치던 평범한 청년이었다. 그는 밤새가며 오로지 해독에만 매달렸다. 일주일 후, 그의 몸무게는 무려 15kg이나 줄어 있었다.

그로부터 3주일 후인 1918년 6월 2일, 마침내 기습 장소가 담긴 암호문을 풀었다. 독일의 총공격은 그로부터 일주일 뒤에 일어났다. 한 평범한 청년의 암호 해독 덕분에 프랑스군은 절체절명의 위기에서 벗어날 수 있었던 것이다.

그 일로 큰 자신감을 얻은 조르주 팽뱅은 전쟁이 끝난 후 사업가가 되어 훗날 파리 상공회의소 의장의 자리에까지 올랐다.

무언가에 도전하다 보면 한계에 부딪칠 때가 많다. 하지만 자신의 한계를 넘어 원하는 결과가 나올 때까지 '불가능 따윈 없다', '반드시 할 수 있다!'는 자세로 도전했을 때 평생에 걸친 자신감과 희열을 얻을 수 있다. 만약 할까 말까 망설이는 일이 있다면 도전하는 쪽을 습관화하자. 도전을 멈추는 순간 성장은 멈춘다. '현상 유지는 곧 쇠퇴다'라는 이 말을 꼭 기억하자.

준비한 사람만이
행운을 얻을 수 있다

그다음으로 3단계는 'Chance(기회 잡기)', 즉 현재 자신의 소망의 틀을 깨는 과정이다.

2013년 2월 3일, 미국의 프로미식축구리그 결승전인 슈퍼볼 경기에서 있었던 일화다.

미국의 최대 스포츠 행사가 열리던 그때 장장 34분간에 걸친 정전 사태가 벌어졌다. 47회의 대회 역사 중 처음 있는 일이었다. 그 어둠 속에서 갑자기 관객의 스마트폰에 트위터의 메시지 하나가 전달되었다.

'정전? 문제없다. 당신은 어둠 속에서도 덩크 슛을 할 수 있다!'

미국의 쿠키 브랜드인 '오레오'의 광고 문구였다. 즉, 어둠 속에서도 오레오 쿠키를 우유에 찍어 먹을 수 있다는 중의적 의미가 담긴 광고였다.

오레오의 재치 있는 트위터 광고는 정전으로 당황한 사람들의 열렬한 호응을 얻으며 당일에만 1만2000회 이상 리트윗, 즉 공유되었다. 광고 효과는 어마어마했다. 그런데 이는 결코 어쩌다 얻은 행운이 아니었다.

사실 오레오는 늘 대비하고 있었다. 15명의 온라인 소셜미디어팀이 상주하며 어떤 일이 있어도 10분 이내에 광고할 준비를 갖추고 있었던 것이다. 이것이 바로 행운의 참모습이다. 무모해 보이던 '준비'가 마침내 '기회'를 만난 것이다.

준비가 기회를 만나면 성공한다. 이것이 바로 꿈을 이룰 수 있는 비법이다. 준비가 갖춰졌을 때 기회는 찾아온다. 뜻밖의 기회가 주어진다면 자신에게 물어보라.

'나는 이 기회를 위해 무엇을 준비해왔나?'

만약 "아니"라고 답한다면 그 기회는 다른 사람에게 넘어가버릴 수도 있다.

틀을 깨고
한계를 뛰어넘는다

마지막 단계는 'Clear(뛰어넘기)', 즉 자신의 세계관을 뛰어넘는 것이다.

수십 년 전 뉴욕은 낙서가 골칫거리였다. 낙서는 단순한 장난을 넘어 치안 악화의 상징이라 어떻게 해서든 근절해야 했다. 하지만 낙서를 지우고 나면 어김없이 그 자리에 낙서가 가득해지는 일이 쳇바퀴처럼 반복되었다.

낙서로 고민하던 빌딩 주인들은 한 가지 방안을 강구했다. 프로 아티스트들을 고용해 한쪽 벽면을 그림으로 채우게 한 것이다. 그러자 놀랍게도 낙서가 사라졌다. 어쩌면 진정한 그림이 가진 힘에 감동받은 낙서범들이 깨달음을 얻고 자신의 잘못을 뉘우쳤는지도 모를 일이다.

문제의 최고 해결법은 그 문제의 틀을 뛰어넘어 더 큰 존재가 되는 것이다. 이것을 흔히 '능가(凌駕)했다'라고 표현한다.

계속해서 틀을 깨고 가능성에 도전한다면 사람은 반드시 문제를 능가할 수준에 이를 수 있다. 그리고 그 수준에 이르면 자신뿐 아니라 주변 사람에게도 용기를 심어주고 한 단계 더 발전할 수 있는 계기를 얻게 된다.

지금까지 자신의 틀을 깨는 4가지 단계(4C)에 대해 설명했다.

① Change(바꾸기) : 태도와 자세를 깨다
② Challenge(도전하기) : 한계의 틀을 깨다
③ Chance(기회 잡기) : 소망의 틀을 깨다
④ Clear(뛰어넘기) : 세계관의 틀을 깨다

다음에는 이 4C에 아주 적합한 사례를 소개하도록 하겠다.

화장실 청소를 천직으로 삼은 한 남자의 도전

일본의 화장실 청소 전문 업체 아메니티의 대표 호시노 노부유키 씨는 앞서 말한 4단계(4C)를 통해 자신의 틀을 넓힌 대표적인 인물이다. 그는 전 세계 화장실을 반짝반짝하게 만들겠다는 비전을 걸고 현재 세계로 활동 무대를 넓혀 활약하고 있다.

그는 서른일곱 살까지 평생직장을 찾지 못해 이직을 거듭했고, 화장실 청소 회사도 친구의 부탁을 거절하지 못하고 마지못해 인수한 것이었다. 인수한 지 1년째에 청소약품의 유독가스로 건강이 나빠졌고, 2년째에는 손목건초염으로 고생하기도 했다.

"화장실 청소가 평생 할 만한 일은 아니지 않아?"라는 식의 주변의 따가운 시선도 충고도 많이 받았다.

① Change

그러나 호시노 씨는 생각의 틀을 바꿨다. 일손을 놓지 않고 열심히 화장실을 닦았고, 그러던 중 점점 자신의 마음이 닦이는 듯한 개운한 기분을 느꼈다고 한다.

② Challenge

곧 손님들로부터 감사 후기가 밀려들었고, 호시노 씨는 이후 다양한 일에 도전했다. 그중 하나가 '1변기, 무료 청소'라는 서비스를 시작한 것이다. 10~20년씩 쓴 변기가 단 1시간 만에 새 변기처럼 반짝반짝 윤이 나고 깨끗해지자 의뢰한 빌딩과 맨션 관계자들은 감동했고 그 감동이 정기 계약으로 이어졌다.

또한 그는 자신의 체험을 살려 안전한 청소약품과 단시간에 편하게 화장실을 청소할 수 있는 패드 부착 전동기를 개발해 특허를 취득했다.

③ Chance

이러한 열정은 마침내 기회로 다가왔다. 창업한 지 10년째인 2001년에는 대만에서 화장실 청소를 지도하는 '화장실 청소 전문가'로 발탁되었다. 그는 일본을 넘어 한국, 싱가포르, 중국에서 강연을 펼쳤다. 또한 기업경영자를 대상으로 한 세미나를 개최하고 소책자와 프로모션 비디오를 제작했으며, 《화장실의 법칙》이라는 책도 출판했다.

이렇게 평생의 과업을 완수하고자 힘쓰는 호시노 씨가 행복하지 않을 이유가 하나도 없었다. 2001년에는 근사한 집을 지었고 그 집에서 멋진 반려자와 결혼해 단란하게 잘 살고 있다.

④ Clear

현재 호시노 씨는 '전 세계 화장실을 반짝반짝하게 만들겠다'는 비전을 내걸고 사업의 틀을 확장하고 있다.

놀랍게도 호시노 씨 부부는 자신들이 살고 있는 군마 현과 후쿠시마 현의 공중화장실을 몰래 청소하고 있다고 한다. 힘든 일이지만 호시노 씨는 화장실이 깨끗해지는 게 즐겁고 행복하다고 한다. 또한 기업뿐만 아니라 부인회, 윤리법인회, 초등학교의 화장실 청소 강습회나 실습 활동에도 참여해 강의를 하고 있다. 방사능 피해를 입은 지역에도 찾아가서 오랫동안 공중화장실을 청소하는 자원봉사를 하고 있으며, 지금은 그 활동이 온 지역으로 퍼져나가고 있다.

자신의 틀을 뛰어넘으면 어떤 어려운 상황에서도 천직을 향해 나아갈 수 있다.

'하면 된다'라는 말은 절반은 맞고, 절반은 틀리다.
'실천하면, 어느 선까지는 이뤄진다. 그러나 실천하지 않으면, 이룰 수 있는 일도 실패로 끝난다.' 이것이 정확한 표현이다. 어디까지 할 수 있는지는 스스로 확인할 수밖에 없다.

시공을 뛰어넘는 상상력의 힘

이어서 시각 전환의 2가지 힘 중 두 번째 '다른 사람의 틀을 깨는 힘'에 대해 살펴보자.

큰 꿈을 이루려면 종종 타인의 조력이 필요하고 그를 위해서는 자신의 영향력을 높일 필요가 있다. 물론 내가 스스로 틀을 과감히 벗어던져서 영향력을 얻을 수도 있다. 그러나 만약 그 꿈이 일생을 다해도 이룰 수 없을 만큼 크고, 당신이 세상을 떠난 후 새로운 시대가 와서야 실천할 수 있을 정도라면 어떻게 해야 할까? 그때는 후세에게 꿈의 바통을 넘기는 것이 두 번째 힘이다. 나의 상상력으로 누군가를 자극하여 그 사람이 틀을 벗어나게 하는 것이다. 실례를 들어보자.

'폭풍, 바다는 점점 거칠어지고 대기는 어두운 구름에 뒤덮인다. 그곳에는 비와 폭풍이 뒤섞인 격심한 번개가 휘날리며 꾸불꾸불 내달리고 있다. 나뭇가지는 땅바닥까지 구부러져 기울어져 있고 잎이 뒷면을 드러내고 있다. 나무들은 마치 무시무시한 폭풍의 위력에 놀라 금방이라도 도망치려는 것 같다. 동물들은 공포감에 통제력을 잃고 해변 이곳저곳을 전속력으로 마구 뛰어다닌다. 구름이 팽창하면서 발생한 천둥은 계속해서 흉포한 번개를 치고, 그 빛은 어두운 들판 여기저기를 비춘다.'

이는 레오나르도 다 빈치가 직접 쓴 '폭풍의 문장'이라 불리는 수기다. 이것을 300년 후에 읽은 문호 괴테는 사실적인 묘사에 감탄했다고 한다. 500년 뒤에 읽은 우리의 머릿속에도 다빈치가 전하고자 하는 이미지가 마치 동영상처럼 생생하게 떠오른다. 상상력은 이렇듯 자유롭고 강력한 수단이다.

알버트 아인슈타인이 말했다.

"논리는 당신을 A에서 Z까지 데려다주지만 상상력은 당신을 어디든 데려다줄 것이다."

자신의 꿈을
남이 대신 이루게 하는 방법

그렇다면 인류 역사상 '상상력'을 사용한 최대의 위업을 살펴보자.

예로부터 '달'은 하늘을 향해 우러러볼 수밖에 없는 대상이었다. 그런데 1608년에 한 남자가 그 틀을 깼다. 바로 독일의 천문학자 요하네스 케플러다. 천체의 운행을 이론으로 설명한 그는 그해에 《꿈(Somnium)》이라는 소설을 썼다. 그 책에는 처음으로 사람이 달에 가서 지구를 바라보는 모습이 그려져 있었다. 하지만 '어떻게 갈 수 있는지'는 그릴 수 없어 '정령의 손을 빌리는' 수법으로 그쳤다.

1610년, 이번에는 갈릴레오 갈릴레이가 틀을 깼다. 자신의 관측 기록을 정리한 《성계(星界)의 보고》에서 이렇게 발표했다.
 '달 표면은 지구의 땅과 다를 바 없다.'

 갈릴레이가 죽은 이듬해에 태어난 사람이 물리학자 아이작 뉴턴이다. 그는 만유인력의 법칙을 발표하여 천체운동 원리의 틀을 깼다. 이것의 모토는 앞서 등장한 천문학자 케플러의 또 다른 저서이자 폭넓은 관측 기록인 《루돌프 표》였다.
 마침내 시간은 흘러 1865년, 쥘 베른이 《지구에서 달까지》라는 과학소설을 발표했다. 이 소설에는 뉴턴 역학을 바탕으로 한 치밀한 계산이 담겨 있지만, '어떻게 갈 수 있는지'는 파악하지 못한 탓에 '사람을 달까지 대포로 날려 보낸다'라고 설정했다. 하지만 이 작품은 많은 사람의 상상력을 자극했다.
 그중 한 명이 러시아의 콘스탄틴 치올콥스키다. 열 살에 청력을 잃은 그는 가난 속에서 독학으로 천문학과 수학을 습득했다. 그 버팀목이 된 책이 《지구에서 달까지》다. 1903년에 그는 로켓 방정식을 발표하고 '어떻게 하면 달에 갈 수 있을까'에 대한 틀을 과감히 깨트렸다.

 1968년, 아폴로 8호에 탄 3인의 우주비행사는 달의 궤도에서 지구를 목격했다. 케플러가 360년 전에 그린 '꿈'을 실현한 것이다. 그리고 1969년, 아폴로 11호가 달에 착륙했다. 《지구에서 달까지》에 쓰인 묘사와 똑같이 비행사가 3명이고, 출발 지점은 플로리다, 귀환 지점은 태평양이었다.

치올콥스키는 이런 말을 남겼다.

"오늘은 불가능해도 내일이면 가능해진다."

비록 나는 이룰 수 없더라도 누군가가 이뤄주는 것. 그 누군가에게 상상력을 통해 꿈의 바통을 넘기는 기술이 바로 '시각의 전환'이다.

꿈을 가지면 좋은 13가지 이유

마음속에 꿈을 품는다는 건 참으로 멋진 일이다. 자기 안에 확고한 꿈이 그려졌을 때는 마음이 설레어 한시라도 빨리 이루고 싶다는 생각이 든다.

내가 과거에 겪은 수많은 실패와 지금 겪고 있는 성공 체험을 미루어 생각해보았을 때 꿈이 얼마나 소중하고 꼭 필요한지 그 효용은 셀 수 없이 많다.

- 꿈을 가지면, 의지가 생긴다. 적극적으로 사고하게 된다.
- 꿈을 가지면, 문제의식이 높아져 정보를 빨리 잡아낸다.
- 꿈을 가지면, 행동력이 높아진다.

- 꿈을 가지면, 좌절이나 실패에 굴하지 않는다.
- 꿈을 가지면, 매일이 충실해진다.
- 꿈을 가지면, 사귀는 친구가 달라진다.
- 꿈을 가지면, 평범한 것에서도 의미를 찾을 수 있다.
- 꿈을 가지면, 사람이 따른다. 그리고 그들이 힘을 보탠다.
- 꿈을 가지면, 수고로움이 기쁨으로 바뀐다.
- 꿈을 가지면, 힘을 집중할 수 있다.
- 꿈을 가지면, 피곤하지 않고 건강해져 끈기가 지속된다.
- 꿈을 가지면, 잠재력을 발휘할 수 있다.
- 꿈을 가지면, 아이디어가 떠오른다.

물론 이뿐만이 아니다.

꿈을 품고 계속 실천하다 보면 필요한 재능이 저절로 길러지고, 나도 모르는 사이 필요한 것이 모두 내 손안에 들어오는 신기한 경험을 할 수 있다. 그것이 경험, 실적, 행동력, 용기, 도전하는 마음, 통찰력, 인맥(좋은 인간관계, 친구, 서포터), 아이디어, 마음의 풍요, 필요한 돈, 필요한 시간으로 이어진다.

꿈을 이루는 것은 정말로 가슴 벅차고 멋진 일이다. 하지만 꿈을 향해 나아가는 과정에서도 많은 재물을 얻을 수 있다. 그러니

일단 꿈을 계속 그려보자. 꿈이 이루어지느냐, 그렇지 않느냐에 초점을 맞추는 건 옳지 않다. 진짜 큰 문제는 '꿈이 없는 것'이다. 그리고 아무런 꿈도 꾸지 않고, 또 설령 꿈을 꾸었다가도 쉽게 포기하고 사는 것이다.

앞서 말했듯이 꿈을 품었다가도 대부분 0.2초 만에 마음에서 밀어내버린다. 뇌가 제멋대로 '할 수 없는 이유'를 찾기 때문이다. '바빠서 시간이 없어, 돈이 충분치 않아, 도와줄 사람이 없어, 능력이 부족해, 환경이 갖춰지지 않았어, 지금은 때가 아니야……'라는 식으로 말이다.

그렇다면 어떠한 핑계 없이 보물지도에 담은 꿈을 향해 거침없이 나아가려면 어떻게 해야 할까?

다음 장부터는 이를 위한 최고의 훈련 방법인 '보물지도'의 세계로 떠나보도록 하자.

2장

최고의 자아실현법 보물지도 2.0

오늘부터 실천하는
보물지도의 4가지 포인트

천문학자 갈릴레오 갈릴레이가 1610년에 펴낸 《성계의 보고》에는 달 표면을 그린 스케치가 담겨 있다. 크레이터(움푹 파인 구덩이)와 달 표면의 요철까지 재현되어 있어 현재의 위성사진과 비교해도 손색없을 만큼 경이적이다. 갈릴레이는 어떻게 이런 그림을 그릴 수 있었을까?

당시 갈릴레이는 2가지를 연구하고 있었다.

한 가지 연구는 '망원경'이다. 당시 이탈리아는 최첨단의 유리 공예 기술을 가지고 있었다. 그는 3개월 만에 100대의 시제품을 만들어 20배율이라는 당시 최고 성능의 망원경을 만들어 달을 관찰했다.

그다음은 예술가로서의 '기술' 연구다. 사실 갈릴레이는 예술가이기도 했다. 스물아홉 살에 피렌체에 있는 아카데미아 델 디세뇨(미술학교)에 입학한 그는 거기서 그림의 기초인 선 원근법과 입체감을 내는 명암법을 체득했다. 그래서 갈릴레이는 달 표면의 어두운 부분이 산의 그림자라는 걸 간파한 것이다.

우리도 정말 원하는 미래가 있다면 그 미래를 보여줄 수단과 꿈꾸는 미래에 필요한 자원을 구할 기술이 필요하다.

앞 장에서 살펴본 시각의 전환은 기술에 해당한다. 어떤 상황에서든 정말로 원하는 미래를 쟁취할 가능성을 발견하는 기술, 그것이 바로 '틀을 깨는 기술'이다.

그렇다면 소망을 이루기 위해 필요한 '수단'은 무엇일까?

바로 보물지도다. 보물지도는 만드는 방법도 아주 간단하다.

① 당신이 갖고 싶은 것, 가보고 싶은 곳, 이루고 싶은 꿈, 함께 하고 싶은 파트너의 이미지에 가까운 사진을 모은다.
② 그것을 당신의 웃는 얼굴 사진을 중심으로 코르크보드 한 장에 붙인다.
③ 보물지도를 눈에 잘 띄는 곳에 두고, 이미 꿈이 이루어졌다고 상상하고 그 감동을 반복적으로 떠올려본다.

④ 필요 시 미래의 사진뿐 아니라 과거에 가장 기뻤을 때나 소중한 친구의 사진, 또는 가족사진을 붙인다.

단지 이 4가지가 가장 기본적인 요소다. 따라서 누구나 쉽게 만들 수 있다.

내가 맨 처음 보물지도를 만든 것은 열네 살 때였다.

당시 나는 아침부터 밤까지 매일 탁구에만 빠져 살았다. 그러던 어느 날 아버지는 내게 성공 공식을 다룬 자기계발서 한 권을 선물해주셨다. 탁구 책이 아니라서 이상하게 여기며 펼쳐 읽던 중 내 시선은 다음 문장에 가 꽂혔다.

첫째, 꿈을 확고히 가져라.
둘째, 꿈이 실현된 마음을 가져라.
셋째, 꿈을 깨트리는 암시에 귀 기울이지 마라.
넷째, 잠재의식의 소리에 귀 기울여라.
이 4가지 공식으로 꿈이 이뤄진다!

솔직히 처음엔 믿을 수 없었다. 그래도 탁구를 잘 치고 싶은 마음에 롤모델 선수의 사진을 스크랩한 뒤 그 사진을 수시로 보면서 그와 시합하는 장면을 상상하며 연습했다.

그 결과 지역 예선에서조차 번번이 탈락했던 나의 중학교 소속 팀이 지역 대회에 처음으로 출전했고 준우승을 거뒀다. 나도 탁구협회의 추천으로 도쿄의 탁구 강호로 유명한 학교에 진학할 수 있었다.

그리고 30대 초반에 빚이 6억 원이나 되던 시절에도 다시 이 기법을 활용해 바닥을 딛고 지금에 이르렀다.

사실 이러한 콘셉트는 예전부터 있었다.

힐튼호텔 창업자 콘래드 힐튼도 실천자 중 한 사람이다. 힐튼호텔의 시작은 자그마한 드라이브인 호텔이었다. 힐튼은 자기 방에 붙여놓은 세계지도에 호텔 사진들을 하나씩 붙이며 펜으로 '힐튼호텔 뉴욕', '힐튼호텔 파리' 등의 호텔 이름을 써넣었다. 훗날 사진을 붙인 장소에는 전부 힐튼 호텔이 세워졌다.

슈퍼모델 미란다 커도 이 기법의 실천자다. 그녀는 《미란다 커》라는 자서전에서 '크고 두꺼운 종이에 목표를 쓰고, 나의 꿈과 연관된 잡지의 사진을 오려 붙여 침실에 걸어두었다'라고 밝혔다.

지금까지도 보물지도 콘셉트가 꾸준히 활용되고 있는 이유는 무엇일까? 바로 거기엔 꿈이 실현되는 가장 좋은 '근거'가 담겨 있기 때문이다.

비과학적이며 사이비 종교도 아니고 신의 뜻에 맡기는 운의 이야기도 아닌 엄연히 과학적인 목표 성취법이기 때문이다.

앞으로 보물지도를 만드는 기본 요소에 대해서 과학적 근거를 들어 설명하고자 한다. 미래에 대한 불안감은 신에게 맡기고 우리는 그저 현재에 집중하자.

문자보다 머릿속에 더 각인되는 이미지의 힘

① 당신의 꿈, 가고 싶은 장소, 함께 있고 싶은 파트너의 이미지에 가까운 사진을 모은다.

이미지들을 모으는 것이 보물지도를 만드는 첫 단계다.

말로 백 번 듣는 것보다 눈으로 한 번 봤을 때 더 쉽게 이해되고 머릿속에 더 깊이 각인된다는 것은 많은 연구 자료로 증명된 바 있다.

가령 당신이 친구에게 전화를 걸어 지금 보고 있는 풍경이 얼마나 아름다운지 말로 설명한다고 하자. 더구나 친구가 그런 풍경을 한 번도 본 적이 없다면 어떨까? 아무리 오랜 시간을 들여 설명해도 당신의 그 느낌을 도저히 모두 전할 수 없을 것이다. 하지만 친구에게 그 풍경을 이미지로 전한다면, 친구는 풍경의 디테일한 부분만이 아니라 당신이 느끼는 감동까지도 일순간에 공감할 수 있다.

조명학회에서 인간이 가진 오감의 정보 능력에 대해 다음과 같이 발표했다.

'시각(눈) 87.0%, 청각(귀) 7.0%, 후각(코) 3.5%, 촉각(피부) 1.5%, 미각(혀) 1.0%의 순서로 시각과 청각의 정보 능력이 무려 87 대 7, 약 12.4배의 차이가 난다.'

또 콘택트렌즈 제조 회사인 바슈롬은 이런 정보를 발표했다.

'소리를 듣고 얻을 수 있는 정보량이 1초 당 8천 비트인 데 반해, 눈으로 보면 1초 당 430만 비트로 청각의 600배나 많은 정보를 얻을 수 있다. 사람이 외부에서 얻는 정보의 80%를 눈이 담당하고 있기 때문이다.'

이처럼 이미지 정보는 우리 뇌 안에 강력하게 남는다. 따라서 자아실현에 필요한 정보를 사진으로 접하면 깨달음과 힌트를 쉽게 얻을 수 있다. 그 결과 폭발적인 행동력과 함께 최상의 성과를 만들어내는 것이다.

체스 선수의 뇌 사용법을 활용한
보물지도

② 당신의 웃는 얼굴 사진을 중심으로 ①번의 사진들을 코르크보드 한 장에 붙인다.

사진들을 코르크보드 한 장 안에 붙이는 이유, 그리고 당신의 웃고 있는 얼굴 사진이 중심이 되어야 하는 데는 근거가 있다.

1940년대, 네덜란드의 심리학자 아드리안 데 흐로트는 체스 고수가 가진 강점의 비밀을 연구했다. 체스 애호가이기도 한 흐로트는 여러 가지 가설을 세웠다.
'수를 멀리 내다볼 줄 알아서?'

'수를 놓을 선택지가 많아서?'
'상대의 속마음을 읽는 능력이 뛰어나서?'
'직관이 탁월해서?'

세계 톱기사들의 기보 분석을 들은 흐로트는 뜻밖의 사실을 발견했다. 체스 챔피언이 지닌 강점의 비밀은 '눈의 움직임'에 있음을 깨달은 것이다.

체스에는 32개의 말이 있다. 고수는 체스판의 말 하나하나를 보는 것이 아니라 덩어리로 된 조각들의 분포로 지각한다. 체스판 전체에 대한 한 차원 높은 정신적 이미지를 만드는 것이다. 이처럼 사물 전체의 움직임을 분석하고 관찰하는 능력을 '대국관'이라고 한다.

보물지도도 마찬가지다. 당신의 꿈 사진들을 한 장의 코르크보드에 모두 담으면, 각각의 사진에 담긴 욕구에 얽매이지 않고, 모든 꿈이 이뤄진 미래와 자아상에 초점을 맞출 수 있다. 그리고 그만큼 강한 의지력을 발휘할 수 있고, 아이디어를 떠올리고 발상을 바꿀 수 있다.

무엇을 자주 접하느냐에 따라 미래가 달라진다

③ 눈에 띄는 장소에 두고 보물지도로 이룬 미래의 감정을 반복해서 체험한다.

평소 자신이 무엇을 자주 보는가에 따라 꿈의 실현 가능성이 완전히 달라진다. 그것을 단적으로 보여주는 실험이 있다.

2008년, 행동경제학자 댄 애리얼리 연구팀은 피험자들을 다음과 같이 두 그룹으로 나누어 40피스의 레고 블록을 조립해달라고 요청했다. 대신에 한 작품을 완성할 때마다 보수를 제공하는데, 단 1회차에 성공하지 못하고 2회차 이후에 성공할 때는 회차

마다 보수를 11센트씩 줄이는 패널티를 부과하기로 했다.

A그룹

조립이 완성되면 책상에 올려놓는다. 피험자는 완성품이 늘어가는 것을 자기 눈으로 직접 확인할 수 있다. 즉, 성취감을 느낄 수 있는 설정이다.

B그룹

조립이 완성되면 실험 감독에게 전달하고 다른 레고 블록 박스를 받는다. 감독은 완성품을 받으면 피험자 눈앞에서 일부러 분해한 뒤 그 레고 블록들을 피험자에게 돌려준다. 애쓴 보람이 물거품이 되는 걸 목격하는 설정이다.

두 그룹이 받은 레고 블록 종류는 똑같았다. 하지만 결과가 극명하게 갈렸다. A그룹은 평균 10.6개를 완성하여 14.40달러의 보상을 받았고, B그룹은 평균 7.2개를 완성하여 11.52달러의 보상을 받았다.
두 그룹의 차이는 딱 하나였다. 즉, 자신이 노력한 성과와 완성품이 가시적인 형태로 있느냐, 그렇지 않느냐에 따른 차이였다.

자신의 꿈과 이상을 언제라도 볼 수 있다는 사실은 이만큼 당신의 힘을 끌어내는 큰 원동력이 된다.

이 시점에서 프롤로그에서 소개했던 코넬 대학교의 실험 결과를 한번 떠올려보자.

- 눈에 띄는 곳에 건강에 해로운 음료가 놓인 가정은 그렇지 않은 가정보다 체중이 평균 11kg 더 많았다.
- 눈에 띄는 곳에 건강에 좋은 과일이 놓인 가정은 그렇지 않은 가정보다 체중이 평균 5.8kg 더 적었다.

그 차이는 자그마치 16.8kg이었다.

눈에 잘 띄는 곳에 무엇이 있는가? 그 자체로 인생이 바뀐다 해도 과언이 아니다. 미래는 자신이 생각한 방향으로 나아가며, 당신이 무엇을 자주 접하며 사느냐에 따라 달라진다.

당신이 꿈꾸는 미래로 이끄는 것, 그것이 바로 보물지도가 지닌 힘이다.

단 한 번의 성공은
또 다른 성공을 부른다

④ 필요 시 미래의 사진뿐 아니라 과거에 가장 기뻤을 때나 소중한 친구의 사진, 또는 가족사진을 붙인다.

이 사진들은 자기효력감, 즉 나는 할 수 있다는 자신감을 높이기 위한 장치다. 이 사진들을 보면 삶의 자세가 달라진다는 과학적 근거가 있다.

미국의 코넬 대학교에서 다음과 같은 임상 실험 결과가 보고되었다.

복합부위 통증증후군(CRPS)은 신경 이상 반응으로 인해 약한 자극에도 극심한 통증을 일으키는 원인 불명의 난치병이다. 이 질병을 가진 환자는 통상적인 60분간의 재활치료도 통증으로 견디기 힘들어해서 집중할 수 있는 시간은 약 2~3분에 그친다.

그래서 등장한 것이 VR장치를 이용한 치료다.

예컨대 복합부위 통증증후군으로 인해 잘 걷지 못하는 환자가 있다고 하자. 이때 환자의 다리 동작을 1.5배 정도 크게 늘린 뒤 아바타(화면상의 자기 분신)를 통해 걷기에 성공하는 장면을 보여주는 방식이다. 실제로 이러한 치료 결과 환자 4명이 총 6번의 재활을 통해 목표의 96%를 달성했다고 한다.

'의식'은 '확대렌즈'와 같다. 자주 응시하고 주시하다 보면 그것은 확대 재생산된다. 단 한 번의 성공이라도 그 순간을 기록하고 항상 눈에 띄게 해두면 성공할 수 있다는 자신감이 점점 커지는 것이다. 그 결과 성공을 당연시하고 성공한 자신에게 어울리는 행동을 하게 된다. 방에 자신이 받은 트로피나 상장을 장식하는 것도 이 같은 효과가 있다고 할 수 있다.

키자니아에서 발견한
보물지도의 중요한 가치

자, 이제 드디어 보물지도 만드는 방법을 설명할 차례다.

설명하기 전에 단언하건대 보물지도 개념은 나날이 진화하고 있다. 인류는 기원전부터 어떻게 하면 더 잘 성장할 수 있을까를 연구해왔다. 그 연구는 오늘날 더욱 가속되었고 새로운 발견이 계속해서 이어지고 있다.

'키자니아'는 어린아이들이 생생한 직업 체험을 할 수 있는 세계적인 테마 공원이다. 2016년 10월 11일, 키자니아의 창업자인 하비에르 로페즈는 일본에서 이뤄진 '월드 마케팅 서밋 2016'에서 학습의 결과가 일반적으로 기억에 얼마큼 남는지 학습 모델을 통해 다음과 같이 발표했다.

1단계 **읽기** : 10%가 기억에 남는다.
2단계 **듣기** : 20%가 기억에 남는다.
3단계 **사진, 동영상 보기** : 30%가 기억에 남는다.
4단계 **실연 장면, 전시회 관람** : 50%가 기억에 남는다.
5단계 **손을 사용한 실습, 디자인 실습** : 70%가 기억에 남는다.
6단계 **모의체험, 체험학습** : 90%가 기억에 남는다.

나는 이 학습 모델에 깊은 감명을 받았다.
'왜 종이에 목표를 쓰라고 강조해 왔는가?'
'왜 메모 기술이 유행했는가?'
'왜 속독·속청·속기라고 하는 뇌 훈련이 유행했는가?'
'왜 지금 체험학습이 급증하고 있는가?'
지금까지 자아실현법이 체험을 중심으로 어떻게 바뀌어왔는지 그 흐름이 일목요연했기 때문이다.

리얼 보물지도로
미래를 선점하는 방법

앞서 소개한 하비에르 로페즈의 모델은 학습의 향후 흐름도 가르쳐준다. 나는 그것을 다시 하나의 모델로 정리해보았다.

1단계 : 종이에 꿈 쓰기

2단계 : 사진과 그림으로 시각화하기

3단계 : 모형 등으로 입체화하기

4단계 : 동영상으로 만들기

5단계 : VR로 체험하기

6단계 : 원하는 공간과 환경에 실제로 가서 체험하기

그렇다! 가장 효과적인 방법은 실제 같은 환경을 체험해서 꿈꾸는 미래를 미리 느껴보는 것이다. 나는 이 방법을 '리얼 보물지도'라고 부른다. 방법은 결코 어렵지 않다.

예를 들어, 멋진 반려자와 결혼하는 꿈을 가진 여성이 있다고 하자. 그렇다면 '꿈의 결혼 체험 투어'를 해보는 것이다. 혼자 해도 좋고 뜻이 맞는 친구와 같이하면 더 좋다.

'피로연 음식을 시식한다.'
'(여성이라면) 웨딩드레스나 반지를 시착한다.'
'신혼가구 매장을 둘러본다.'
'신혼여행 설명회에 참가한다.'

실제 장소에서의 가상 체험은 어떤 상상 훈련보다 뇌에 강하게 새겨진다.

소망을 이룬 자신의 모습을 촬영하고 녹화해 보물지도에 붙여놓고 수시로 보며 대화해보자. 그러면 당신의 의식은 저절로 그 모습에 어울리는 사람이 되도록 행동하게 만든다. 우선 리얼 보물지도, 즉 꿈꾸는 미래를 미리 느끼는 방법을 인식한 다음 보물지도 만드는 법을 읽어보자.

13가지 질문으로
원하는 미래를 그려보자

지금부터는 원하는 미래를 설정하는 방법을 13가지 주제를 가지고 생각해보자.

① 일 : 어떤 일을 하고 있나?

② 소유물 : 당신 주변에 어떤 좋은 물건들이 있는가?

③ 주택 : 어떤 집에 살고 있나? 그 집은 어디에 있는가?

④ 평생 과업 : 어떤 일을 평생의 과업으로 삼고 있나?

⑤ 취미 : 어떤 취미로 여가를 보내고 있나?

⑥ 시간 : 하루는 어떻게 쓰는가? 장기 휴가는 어디에서 누구랑 보내는가?

⑦ 건강 : 당신의 젊음과 에너지는 어느 정도인가?

⑧ 성격 : 당신은 타인에게 어떤 평가를 받고 있나?

⑨ 커뮤니티 : 당신 주변에는 어떤 좋은 동료들이 있는가?

⑩ 가족 : 가족은 어떤 느낌인가?

⑪ 인간관계 : 당신은 누구를 필요로 하며 누구에게 필요한 사람인가?

⑫ 파트너 : (부부, 연인) : 당신의 평생 반려자가 될 사람은 어떠한가?

⑬ 돈 : 당신은 어느 정도의 부를 추구하는가? 그것을 무엇에 사용할 생각인가?

이것들이 명확해지면 각 주제와 연관된 사진이나 그림을 찾아보라. 책이나 잡지에서 찾거나 인터넷에서 검색해도 좋다. 단, 가장 효과적인 방법은 실제로 그 물건이나 사람이 있는 환경으로 가서 사진을 찍어오는 것, 즉 리얼 보물지도다. 그 사진은 당신의 실현 욕구를 자극하고, 언제든 그것을 얻었을 때의 기쁨을 연상시켜 무의식적으로 행동과 시각을 긍정적으로 바꿔준다. 그리고 예상치 못한 순간에 좋은 기회를 발견하도록 돕는다.

간단하게 완성하는
보물지도 만들기 8단계

이제 보물지도 만드는 방법을 구체적으로 알아보자.

1단계 : 자신의 캐치프레이즈와 이름을 적는다.
2단계 : 자신의 웃는 얼굴 사진을 붙인다.
3단계 : 꿈과 행복을 연상시키는 사진을 찾아 붙인다.
4단계 : 원하는 기한과 조건을 구체적으로 적는다.
5단계 : 꿈 실현이 주위에 어떤 영향을 미치는지 적는다.
6단계 : 자신의 마음의 소리를 듣는다.
7단계 : 눈에 띄는 곳에 보물지도를 장식하고 자주 본다.
8단계 : 행동한다. 자신의 꿈을 향해 무조건 한걸음 내딛자!

보물지도 만들기 8단계

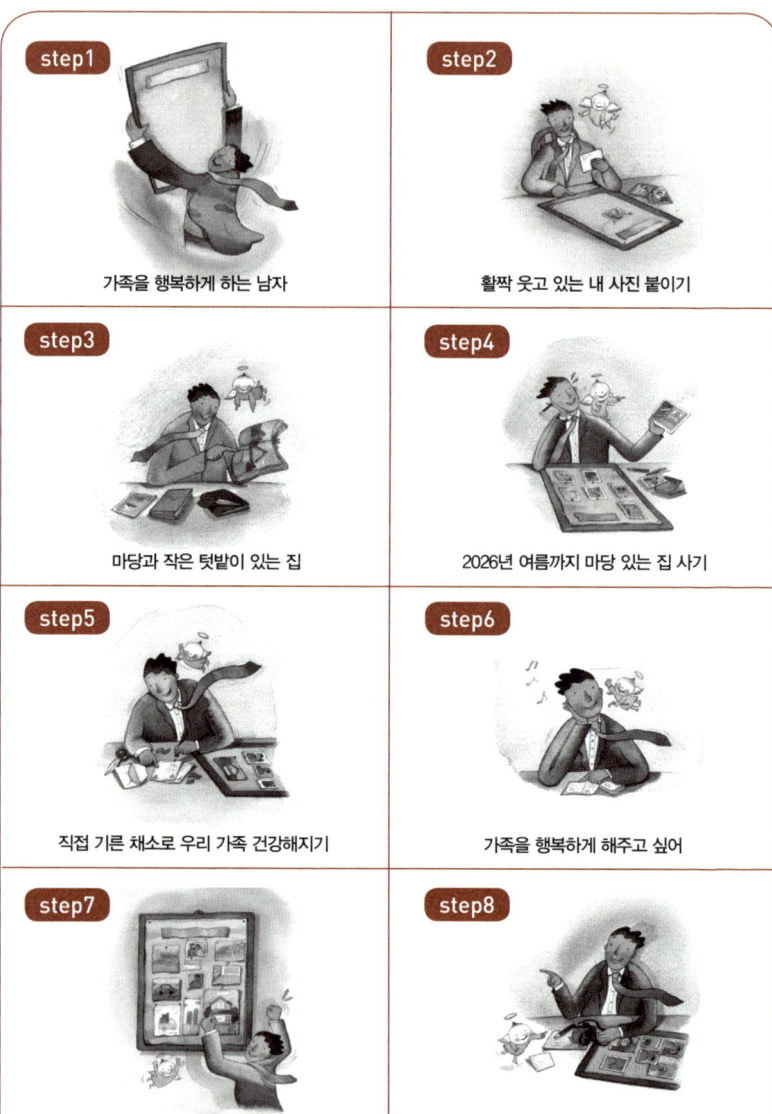

보물지도는 이처럼 쉽고 간단하게 만들 수 있다.

보물지도를 만드는 것은 자유롭고 즐거운 작업이고, 당신을 둘러싸고 있는 틀을 깨는 가장 좋은 훈련 방법이다.

처음에는 방법이 헷갈릴 수 있고, 할까 말까 망설이거나, 정말 이뤄질까 하고 의심이 들 수도 있다. 지금부터는 그러한 마음의 제약을 없앨 방법을 생각해보자.

많은 사람이 마음에 제약을 거는 것 중 하나가 '돈과 물욕' 그리고 '연애'다. 이 제약부터 먼저 없애기로 하자.

보물지도로
돈과 사랑을 내 마음대로

부의 보물지도

우선 돈과 물욕부터 살펴보자. 어려서부터 나는 부모에게 참는 게 미덕이라는 말을 많이 들어왔다.

"돈에 욕심 부려선 안 돼."

"돈을 소중히 여기고 아껴 써라."

"돈에 너무 집착하면 결국 불행해진단다."

여러분 중에도 비슷한 말을 듣고 자란 사람이 있을 것이다. 그러나 나는 언젠가부터 이러한 가르침이 부를 쌓는 덴 제약이 된다는 사실을 깨닫고 내 아이들에겐 다른 방식으로 가르치려 노력하고 있다. 여러분도 돈에 대한 가치관을 바꿔보자. 당신이 먼저 달라지면 당신이 아끼는 주변 사람에게도 좋은 에너지가 전해진다.

베스트셀러 작가이자 보물지도 실천자이기도 한 마쓰다 미히로 씨는 이것을 '샴페인 타워 법칙'이라고 부른다. 샴페인 타워란 흔히 축하 자리에서 하는 이벤트를 말한다. 유리컵을 피라미드 형태로 쌓아놓고 맨 꼭대기에서 샴페인을 부으면 맨 밑에 있는 잔으로 균일하게 샴페인이 흘러내린다.

이와 마찬가지로 당신 안에 좋은 에너지가 채워지면 그 에너지는 주위 사람에게도 전해진다. 바로 이 원리를 이용한 재미있는 방법이 있다.

보물지도에 지폐 사진을 붙이고 그 주변에 갖고 싶은 물건, 가고 싶은 장소의 사진을 붙여나가는 방식이다. 물론 중앙에는 자신의 캐치프레이즈와 이름, 사진을 붙인다.

나는 이것을 '부의 보물지도'라고 부른다. 설레는 마음으로 게임하듯 즐기면서 만드는 유쾌한 작업이다. 만약 내게 무한히 쓸 수 있는 돈이 있다면 무엇을 할지 기대에 부푼 마음으로 만들어 보자.

연애 보물지도

이어서 '연애'다. 좋아하는 이성이 있는데 마음을 전하기 어려울 때는 다음 2가지 작업을 해보자.

첫째, 이상형을 명확히 정한다.
둘째, 그 이상형에게 어울리는 자신의 모습을 정한다.

이렇게 하면 보물지도가 이상형에게 마음을 전할 수 있도록 자연스럽게 이끌어줄 것이다.

연애 보물지도를 만들기 전에 '이상형과의 인생 스토리'를 상상해보자.

'맨 처음 어디에서 만날까', '어떤 데이트를 할까', '어디에서 프러포즈할까', '결혼식은 어디에서 어떻게 치를까', '신혼여행은 어디로 갈까', '어떤 집에서 살까, 거기에는 어떤 가구를 둘까', '식구는 몇 명이 좋을까', '노후에는 어떤 생활을 하고 싶은가' 등, 이상적인 파트너 상뿐 아니라 파트너와 함께 살아갈 인생까지 그려보는 것이다. 이것이 바로 '연애 보물지도'다.

모델이 될 만한 선배 부부를 찾아보는 것도 좋다.

연애 보물지도를 만드는 방법은 다음과 같다.

기본적인 보물지도는 자신의 사진을 보드의 중심에 두지만, 연애 보물지도는 '결혼'이 핵심이기 때문에 자기 사진을 보드의 가장자리로 옮긴다.

그런 다음 앞에서 말한 대로 미래를 상상하며 구혼 파트, 결혼 파트, 데이트 파트, 신혼여행 파트로 나눠 관련된 사진이나 그림을 붙인다. 연인에서 부부가 되어가는 과정을 디테일하게 상상하면서 보물지도를 꾸며보자. 그럴수록 그 상상은 현실이 될 가능성이 아주 높아진다.

이상적인 파트너는 당신이 성공으로 향해 가는 여행을 이해해주는 사람이자, 긴 인생길을 나란히 발맞춰 달려줄 최고의 반주자(伴走者)다. 보물지도에 당신의 반주자도 꼭 함께 넣어서 꾸며보자.

온라인 보물지도와 SNS 보물지도

보물지도는 코르크보드뿐만 아니라 온라인으로도 만들 수 있다. 온라인의 가장 큰 장점은 아이디어가 떠오르면 그 자리에서 스마트폰에 반영할 수 있다는 점이다. 또 각종 앱으로 쉽게 만들 수 있고 배경화면으로 설정하는 기능도 있어 매력적이다.

다음 사이트는 매력적인 콜라주 기능이 있어 추천한다.

콜라주 기능이 있는 사이트 및 어플

- **포토젯** https://www.fotojet.com/
- **라인 카메라** http://camera.line.me/ko
- **Pic Collage** 무료 사진 편집 및 콜라주 어플

- **리노** http://ja.linoit.com/

보물지도는 '항상 눈에 띄는 곳에 두는 것'이 가장 중요하다. 앱 등을 이용해 콜라주한 보물지도는 PC의 바탕화면이나 스마트폰의 배경화면으로 설정하는 것이 효과적이다.

스스로 소재를 편집해 붙이다 보면 미래와의 대화가 저절로 시작된다. 기능은 한계가 있지만 직접 만드는 경우는 한계가 없다. 당신의 영감을 자유롭게 반영해 몰입하며 작업할 수 있다.

SNS 보물지도

페이스북 배너에 보물지도 이미지를 넣는 것도 추천한다. 프로필을 글자로 채우는 것보다 자신의 개성과 비전이 한눈에 들어온다는 장점이 있다.

블로그를 포함한 게시물에도 보물지도를 사용할 수 있다. 자신의 꿈에 관해 글을 쓰는 건 의외로 어렵다. 꿈에 대해 막연하게 썼다가는 방문자들에게 호응을 얻기도 쉽지 않다. 그렇다고 해서 자신이 이룬 꿈 사진만 올린다면 블로그 방문자들이 과연 관심을 가질까? 그런 소통 방식은 이젠 식상해졌다. 그런데 꿈을 이루기 전과 후를 보여주면 마법 같은 일이 일어난다.

인간이 가장 흥미를 느끼는 건 '한 인간의 변화'다.

따라서 Before(변화 이전)와 After(변화 이후)의 당신 모습을 사진으로 보여주었을 때 사람들은 당신에게 강한 흥미를 느끼게 된다. 사진의 전후 격차가 크면 클수록 사람들에게 알리고 싶어 하는 건 당연한 심리다. 보물지도는 그것을 가장 즐겁고 쉽게 표현할 수 있는 강력한 수단이다.

SNS 보물지도가 불러오는
마법 같은 변화

　SNS에서 이처럼 즐거운 성취 과정을 보여준다면 무슨 일이 일어날까? 우선 당신의 팬이 생긴다. 그리고 당신이 계속 도전할 수 있게 응원해준다. 전혀 만난 적도 없는 사람이 당신에게 이런저런 유익한 정보를 알려주기도 한다.

　중요한 것은 '이해하기 쉬워야 한다'는 점이다. 목표했던 미래상과 실제로 이룬 미래가 같다는 점이 잘 전달되어야 한다.

　여기서 1장에서도 소개한 '말', '이미지', '행동'이라고 하는 우리의 인생을 바꿀 3대 스위치를 활용할 수 있다. 잠시 상상해보자. 당신에게 밝은 미래가 열린다면 당신은 어떤 자세를 취할까? 또 어떤 말을 하게 될까? Before 사진에 그 포즈로 사진을 찍고 그에 대한 대사를 써넣자. 그리고 꿈이 이뤄진 후의 After 사진도 같은 포즈로 찍어서 올리자.

가령 발리의 한 바닷가를 상상하며 찍은 사진과 실제로 발리에 가서 찍은 사진을 올리는 것이다. 단, 전후 사진에서 포즈가 똑같으면 더욱 효과적이다. 이처럼 Before와 After의 모습을 동시에 보여주었을 때 그리고 그 격차가 크면 클수록 사람들은 당신에게 강한 관심을 갖게 된다.

포즈와 대사의 Before →After는 숏 비디오 앱 'TikTok(틱톡)'과 사진 공유 앱 '인스타그램' 등 어떤 서비스에도 응용할 수 있다. 이러한 변화를 기록하면 자신감이 커진다.

그렇지만 내가 가장 추천하는 것은 역시 오프라인 보물지도(코르크보드에 붙이는 방식)다. 손의 촉감 등 인간의 감각기능을 이용해 만드는 게 뇌에 직접적으로 작용하기 때문이다.

어떤 사람은 보물지도를 집에 장식하기 민망하다고 말하기도 한다. 그렇다면 처음에는 온라인 보물지도를 만들어 사용해도 된다. 보물지도의 중상급자라면 온라인 보물지도는 코르크보드 보물지도의 보조 개념으로 사용할 것을 추천한다.

효과가 탁월한 1일 완결형 데일리 보물지도

초보자에게는 보물지도의 입문 과정으로 '데일리 보물지도'를 추천한다. 이 방법은 누구나 한걸음부터 쉽게 내디딜 수 있다는 장점이 있다. 3년 안에 이루고픈 목표가 있거나 목표 달성을 위해 매일 어떤 행동을 실천해야 하는 사람에게 적합하다.

예컨대 수험생이나 스포츠 선수, 직장에서 프로젝트를 성공하고 싶은 사람이다.

데일리 보물지도의 6단계

① A4(30×21cm) 정도의 화이트보드를 준비한다.
② 보드 중심에 웃고 있는 자신의 사진을 붙인다. 자기만의 승

리 포즈가 담긴 사진도 좋다.

③ 보드 아래쪽에 목표 대학, 합격하고 싶은 시험, 대회 목표나 원하는 직업 등, 중장기 목표에 대한 사진을 붙인다.

④ 그 목표를 글로 적는다. '○○대학에 합격하다', '○○대회에서 우승하다', '5억 원의 매출로 영업 1위 달성' 등, 글귀는 구체적일수록 좋다.

⑤ 보드 위쪽에 화이트보드 전용 마커로 그날의 목표를 쓴다. 가령 수험생이라면 '수학 문제를 ○문제 푼다', '○책을 절반까지 읽는다'와 같이 하루에 달성할 수 있는 목표가 좋다. 1일 목표는 매일 바꿔 적는다.

⑥ 1일 목표가 달성되면 자신에게 보상을 한다. 이는 3장에서 자세히 설명하겠지만 '뇌의 보상 설정'을 위한 것이다.

데일리 보물지도가 초보자에게 적합한 이유는 오늘부터 당장 실천하기 좋기 때문이다.

마라톤이 그렇듯 어떤 목표에나 데드 포인트가 있다. 어떤 지점까지는 정말 힘들고 고통스럽지만 그 지점을 넘어서면 그다음에는 편해진다. 그 고통을 함께 나눌 반주자가 바로 데일리 보물지도인 것이다.

보물지도는
누구와 만드는 게 최선일까?

'마음에 드는 사진을 못 찾겠다.'
'생각보다 꿈이 잘 떠오르지 않는다.'
'만들었지만 남에게 보이는 건 부끄럽다.'

보물지도를 처음 만들 때는 이런 고민들이 생긴다. 실제로 나도 처음에 만든 보물지도는 친구에게 보여주기 민망해서 구석에 숨겨놨었다. 하지만 그 뒤로 깨달았다. '보물지도는 혼자서 만들지 말자', '이미 도전해서 꿈을 이뤘고, 밝은 미래를 쟁취한 사람들과 만들자'라고 말이다.

인간은 나약한 존재다. 보물지도를 만들려고 마음먹었다가도

막상 시작할 단계가 되면 '바쁘니까 나중에 하지 뭐', '과연 이게 의미가 있을까?' 등의 핑곗거리나 부정적인 생각들이 스칠 수 있다. 그래서 제대로 활용하지 못하는 것이다.

1995년, 캘리포니아 대학교 버클리 캠퍼스의 사회심리학자 샬런 네메스는 '인식, 태도, 판단의 차이에 대하여'라는 주제로 논문을 발표했다.

이 논문에 따르면, '초록'이라는 단어를 통해 100명 중 40명은 풀, 나무, 자연 등을 연상하고, 나머지 40명은 초록 이외의 '다른 색'을 연상한다. 다시 말해 우리의 연상력은 의외로 빤하거나 당연하다. 그래서 네메스는 그 점을 이용해 연상 테스트를 했다.

① 피험자들에게 파란색 슬라이드를 보여주었다. 그러자 80%의 사람이 '하늘'이나 다른 빤한 연상을 했다.
② 이번에는 피험자들 사이에 '바람잡이'를 넣어두었다. 바람잡이는 일부러 파란색 슬라이드를 "다른 색이 보인다!"라고 강하게 주장했다.
③ 그 후 바람잡이 외의 다른 피험자들에게 다시 한번 자유연상을 요구했다. 그러자 이번에는 '재즈', '청바지' 등 보통

잘 나오지 않던 창의적인 답변이 나왔다.

네메스는 이 실험을 모의재판과 회의, 대학 세미나 등 십여 곳이 넘는 현장에서 시험하고 같은 결과를 얻었다. 어찌 보면 바람잡이는 변칙이자 잡음이라고도 할 수 있다. 그러나 그 변칙과 잡음이 피험자의 초점을 빠르게 전환시켰다. 다른 색일 수도 있다는 것을 뇌가 깨닫고 기존 이미지의 틀을 깨준 것이다.

미래 구상도 마찬가지다. 당신이 쩔쩔매며 걱정하는 일도 "별거 아냐. 걱정하지 마!"라며 응원해주는 선배가 있다면 그 순간 틀에서 벗어날 수 있다. 내가 보물지도 내비게이터라는 전문가를 양성해 보물지도를 만드는 이들을 돕는 것도 그 때문이다.

만약 보물지도를 통해 성공을 거둔 선배가 주변에 없다면, 같은 꿈을 가진 친구나 동료와 함께 보물지도를 만드는 것도 추천한다. 혼자 가면 길을 잃을 수 있지만, 함께 가면 길이 보이고 꿈도 이룰 수 있다. 함께 가는 방향이 곧 길이 되기 때문이다.

3장

보물지도가
왜 과학적인가

뇌 습관을 알아야
보물지도 활용법이 보인다

이제 당신은 인생을 바꿀 보물지도를 어떻게 만드는지 알았을 것이다. 하지만 도구를 제대로 사용하려면 왜 그 도구가 효과적인지 이해할 필요가 있다. 그래서 이번 장에서는 보물지도가 삶에 변화를 주는 이유에 대해 뇌 과학적으로 접근해 보려고 한다.

인간은 다음과 같이 4가지의 뇌 습관을 가지고 있다.

① 에너지 절약 본능이 있다.
② 흔들리기 쉽다.
③ 자기 관찰을 싫어한다.
④ 보상을 원한다.

우리의 뇌가 가진 이러한 버릇부터 알아두는 것이 보물지도를 활용하는 데 큰 도움이 된다.

2011년에 '사람은 하루에 몇 번이나 미래에 대해 생각하는가?'를 주제로 연구 논문이 발표되었다. 결과는 하루 평균 59회였다. 수면시간이 8시간이라고 가정했을 때, 우리는 깨어 있는 동안 '16분에 한 번'은 미래를 선택할 기회가 있고, 그것이 쌓여 자아실현으로 이어진다. 그러나 많은 사람이 자아실현으로 이어지는 기회를 아깝게도 잃고 산다. 원인은 무엇일까?

첫 번째 원인은 우리 뇌의 '에너지 절약' 본능에 있다. 실험을 위해 간단한 질문을 해보겠다.

① 교차로에 있는 가로형 3색 신호등을 떠올려보자.
   순서가 초록불 → 노란불 → 빨간불인가? 아니면 빨간불 → 노란불 → 초록불인가?
② 당신의 방이나 회사벽의 콘센트 구멍을 떠올려보자.
   2개의 구멍이 수평으로 나 있나, 사선으로 나 있나?

보통은 이 2가지 질문에 얼른 답하지 못하고 갸우뚱한다.
'어, 가로등 순서가 어떻게 돼 있더라?'

'콘센트 구멍이 어떻게 나 있었지?'

우리는 신호등도 콘센트도 거의 매일 본다. 그런데도 얼른 답이 떠오르지 않는다. 1번 답은 '빨간불 → 노란불 → 초록불' 순서, 2번의 답은 '사선'이다. 이처럼 늘 접하는 것인데도 얼른 기억나지 않는 이유는 왜일까? 이유는 인간의 뇌에 있다.

뇌는 특수한 염수인 뇌척수액에 잠겨 우리 머릿속에 존재한다. 뇌척수액의 농도는 일정하게 유지되어야 한다. 그래서 뇌는 끊임없이 나트륨 이온을 세포 밖으로 내보내고, 칼륨 이온을 안으로 흡수한다. 이 작업 때문에 뇌는 체중의 2~3%밖에 되지 않는 무게임에도 전신에 쓰이는 에너지 중 20%를 소비하고 있다.

반대로 말하면, 뇌는 이 작업 외에 가능한 한 헛된 에너지를 쓰지 않으려고 한다. 생명 유지를 위해 주의해야 할 변화 이외에는 인식을 약화하고 있는 것이다. 정말로 당신이 필요로 하는 것, 원하는 것이 아니면 눈에 띄어도 그 '존재'를 깨닫지 못한다. 아무리 가능성이 넘치는 시대에 살아도 기회를 잡지 못하고 꿈을 이루지 못하는 건 그 때문이다.

주위의 소음에 쉽게 휩쓸리는 이유

많은 사람이 자신의 이상을 실현할 기회를 놓치는 또 다른 이유가 있다. 그것은 주변의 잡음에 너무 쉽게 휩쓸리기 때문이다.

1997년 독일의 사회심리학자인 프리츠 스트랙이 한 가지 실험을 했다. 먼저 피험자에게 "간디는 몇 살에 사망했나요?"라고 물었다. 물론 이 질문은 피험자의 상식을 시험하기 위한 것이 아니다. 이 질문 전에 피험자는 두 그룹으로 나뉘어 각각 다른 질문을 받았다.

A 질문 : "간디의 몰년이 140세 이상이었나요, 이하였나요?
B 질문 : "간디의 몰년이 9살 이상이었나요?"

A, B 모두 질문 자체는 난센스다. 140세 이상일 수도 없고, 9세 이하일 수도 없다. 재미있는 건 여기서부터다. A 질문을 받은 피험자가 대답한 간디의 몰년은 평균 67세, 그에 비해 B 질문을 받은 피험자가 대답한 간디의 몰년은 평균 50세였다. 그러나 실제 간디의 몰년은 79세였다.

우리는 정보가 넘치는 사회에 살고 있다. 자신도 모르게 심어진 고정관념이나 사회 통념, 상식에 큰 영향을 받고 있다. 저명인사나 권위자, 친한 사람의 의견이나 가치관을 의심 없이 믿어버리는 경우도 많다. 그렇기에 자신의 미래상을 주체적이고 능동적으로 그려나가는 것이 매우 중요하다. 그렇지 않으면 쉽게 주위의 흐름에 휩쓸려서 결국 방향을 잃어버린 채 기회가 와도 실현하지 못하고 인생의 궤도는 점점 빗나가고 만다. 그 뒤에 기다리는 건 '내 인생이 이럴 리 없어'라는 자괴감과 후회뿐일지도 모른다.

그렇다면 어떻게 해야 삶의 축을 굳건히 세우고 목표를 실천하며 살아갈 수 있을까?

성공의 가능성은
자기 관찰에 의해 높아진다

　과거 위인이나 성공한 사람들은 주변의 잡음에 쉽게 흔들리는 인간 심리의 위험성을 충분히 인식하고 그것을 방지하기 위한 자신만의 좋은 습관을 가지고 있었다. 바로 '침묵'이다. 그들은 일부러 주위에서 벗어나 자신과 홀로 대화를 나눴다.

　독일 통일의 영웅 중 한 명인 몰트케(통칭 대 몰트케)는 프로이센(현재 독일 북부에서 폴란드 서부에 있던 왕국)의 참모로서 덴마크, 오스트리아, 프랑스와의 전쟁을 승리로 이끈 인물이다.
　근대 독일 육군의 아버지라 불리는 그는 전기통신과 철도를 이용한 전략을 세운 인물로도 유명하다. 그런데 철도도 전기통신도 독일에서 처음 개발된 게 아니다.

그럼에도 그가 뛰어난 전술을 짤 수 있었던 이유는 '위대한 침묵자'라고 불렸던 몰트케의 습관에 있었다. 그는 보통의 군인과는 달리 젊은 시절부터 집필과 번역 아르바이트를 하던 문학청년이었다. 모차르트 교향곡을 즐겨 듣고 상질의 잎담배를 피우면서 정원의 나무가 나고 자라는 모습을 보며 사색을 즐기곤 했다. 혼자만의 시간을 소중히 여기며 자신과 대화하는 습관이 있었던 것이다.

작가 와타나베 쇼이치는 몰트케를 이렇게 평가한다.

'내성적인 성격이었기에 자신의 머릿속을 들여다보고 명확한 이미지를 그릴 수 있었다. 그 이미지가 완성되면 필요한 정보는 자연스럽게 걸려들도록 되어 있다.'

진정한 자신과 마주 보고 자기와의 대화를 나누는 것. 그것이야말로 자신의 보물지도를 진화하는 가장 큰 열쇠다. 안타깝게도 바쁘게 살아가는 우리는 그것이 너무도 힘든 일이 되었다. 일에 쫓기고 있을 때는 우리는 무엇을 위해 이 일을 시작했는지 잊고 만다. 목적지를 잃고 미아가 되지 않도록 때때로 '넌 뭘 하고 싶은 거니?'라고 자기 자신에게 물어보자.

자기 관찰보다
고통을 선택하는 현대인

2010년, 하버드 대학교의 심리학자 매트 킬링스워스와 대니얼 길버트가 아이폰을 사용해 2250명을 대상으로 다음과 같이 설문 조사를 했다.

질문1 : 당신은 지금 무엇을 하고 있나요?
질문2 : 당신은 지금 자신이 하는 행동에 대해 생각하고 있나요, 아니면 다른 생각에 빠져 있나요?

결과는 충격적이었다. 조사 대상자 중 46.9%가 현재 하고 있는 행동에 집중하지 못하고 딴생각을 하고 있었고, 그중 적어도

30%는 '항상 그런 상태다'라고 대답했다.

또 하나 강렬한 실험이 있다. 버지니아 대학교의 심리학자 티모시 윌슨 연구팀은 17~77세의 폭넓은 연령층의 남녀 200명을 대상으로 실험했다.

1단계 : 먼저 피험자에게 아주 약한 전기충격을 주었다.
2단계 : 각 피험자를 한 명씩 방에 들여보낸 뒤 15분간 휴대전화도 쓰지 말고 가만히 생각하라고 지시했다.
3단계 : 만약 원한다면 15분 중 1단계에서 받았던 전기충격을 받아도 된다고 말하고 버튼을 넘겨주었다.

연구팀은 피험자들이 아무리 지루해도 전기충격은 받지 않을 것이라고 예상했다. 실제로 대부분의 피험자는 1단계에서부터 더는 전기충격을 받기 싫다고 말했다.

그런데 결과는 놀라웠다.

15분 동안 3분의 2의 남성과 4분의 1의 여성이 전기충격 버튼을 한 번 이상 누른 것이다. 개중에는 자그마치 190번이나 누른 남성도 있었다.

자극이 넘치는 세상에서 우리는 지루한 상황을 극도로 기피하고, 자신의 내면과 마주하는 일을 마치 고통인 것처럼 여기고 있다. 이러한 현상은 더욱더 가속되고 있다.

미국의 iDC(인터넷 데이터 센터)의 발표에 따르면, 지구상에서 1년 간 생성되는 디지털 데이터의 양은 2013년에는 4.4세타바이트(4조 4천억 기가바이트)였다. 2014년에는 '2년마다 규모가 2배로 증가'하고 있다고 밝혔다. 급기야 세상을 떠도는 디지털 데이터의 양이 2020년에는 10배인 44제타바이트(44조 기가바이트)로 확대되었고, 그 양은 갈수록 늘어갈 것이다.

엄청난 정보량이 우리를 향해 다가오고 있다. 발신의 주체가 누구인지도 알 수 없는 무책임한 정보가 우리를 수시로 현혹한다. 홀로 자신과 마주하며 내적 대화를 나눌 수조차 없는 시대가 된 것이다.

하지만 결코 포기할 필요는 없다. 보물지도만 있다면 어떤 상황에서도 그전에는 보지 못했던 가능성을 발견하게 될 것이다. 보이지 않던 것을 보게 된다는 말은 이미 인생 도약의 열쇠를 손에 쥐었다는 뜻이다.

해석만 바꾸면
답은 쉽게 찾을 수 있다

상상해보자.

당신은 이미 당신의 인생을 한 단계 더 향상시켜줄 불씨와 마주하고 있다.

바로 지금 이 순간 당신의 운명을 바꿔놓을 파트너와 마주하고 있다.

당신의 숨은 재능이 벌써 싹을 틔우고 있다.

상상만 해도 기분이 좋아지지 않는가?

1945년 독일의 게슈탈트 심리학자인 칼 던커가 한 가지 실험을 했다. 피험자에게 압정 상자와 성냥, 그리고 양초 한 개를 주고 그 초에 불을 붙여 촛농이 떨어지지 않도록 합판 벽에 붙이라고 지시했다. 제한시간은 10분. 그런데 문제를 쉽게 풀지 못했고 제한시간은 시시각각 다가왔다.

때를 노리던 던커는 상자 속 압정을 책상 위에 전부 꺼내놓고 상자를 비워두었다. 피험자는 그제야 깨달았다. 빈 상자를 압정으로 벽에 고정하고 양초를 그 위에 올려두기만 하면 되는 것이었다. 그러나 상자에 압정이 들어 있는 동안에는 그 방법을 생각해내지 못했다. 상자를 그저 압정을 담는 용도로만 생각했기 때문이다.

자신의 틀을 깨는 건 결코 어렵지 않다. 이 실험에서처럼 '상자를 비우는 것', 이 작은 시도만으로도 충분하다.

스탠포드 대학교가 증명한
문답의 중요성

우리는 이미 자아를 실현할 수단을 가지고 있다. 그것은 바로 '질문하는 것'이다.

러시아의 저명한 화가 일리아 레핀의 그림 〈아무도 기다리지 않았다〉는 유형지에서 돌아온 남성의 갑작스러운 귀가를 맞이하는 가족의 모습을 담아냈다. 1967년, 러시아의 심리학자 알프레드 야버스는 피험자에게 이 그림을 보여주고 다음과 같이 질문했다.

질문 1 : 이 가족의 경제 상황을 평가해주세요.
질문 2 : 가족의 나이는 몇 살쯤 돼 보이나요?

질문 3 : 예기치 않은 방문자가 도착하기 전에 가족이 무엇을
하고 있었는지 추측해보세요.

질문 4 : 사람들이 입고 있는 옷을 기억하나요?

질문 5 : 예기치 않은 방문자가 얼마나 오랜만에 가족을 만났
을지 추측해보세요.

꽤 많은 생각이 필요한 질문이다. 그러나 야버스는 답변의 내용이 아니라 피험자의 눈이 어디를 향하는지에 주목했다. 실험 결과, 우리는 스스로가 대상의 '전체'를 본다고 생각하지만 실제로는 '아주 일부분밖에 보지 못한다'는 점을 알게 되었다고 한다. 가령 질문 1에서는 가족의 소지품이나 복장만 보았고, 질문 2에서는 등장인물의 얼굴에만 주목했던 것이다.

스탠포드 대학교의 신경과학자 데이비드 이글먼은 말한다.

"뇌는 세계에 안테나를 펴두고 필요한 정보만 추출한다."

자신의 답과 상관없는 부분은 '눈앞에 있어도 보지 않는다'는 이야기다. 우리는 어쩌면 질문에 답을 하고자 세계를 보고 있다고도 할 수 있다. 그래서 성자들이 '문답(問答)'을 중요시했는지도 모르겠다. 즉, 최적의 질문이 최적의 현실을 만들어낸다는 사실을 그들은 익히 깨달았던 것이다.

뇌는 적절한 보상 없이
움직이지 않는다

그렇다면 '최적의 질문'을 수집하려면 어떻게 해야 할까?

나는 열네 살 무렵부터 자기계발에 관심을 가지고 30년 가까이 총 10억이 넘는 자기 투자를 하며 전 세계의 성장 방법을 배워왔다. 다음 장부터는 그중에서 엄선한 '최적의 질문'을 공개하겠지만, 그전에 당신에게 알려주고 싶은 것이 있다.

당신 스스로 '최적의 질문을 만들어내는 기술'을 깨달아야 한다는 점이다.

우리는 왜 질문을 할까? 원하는 결과를 얻기 위해서다. 뇌 과학에서는 원하는 결과를 '보상'이라고 한다. 이것이야말로 성장에 가장 중요한 열쇠다.

인간이 살면서 행하는 모든 일은 위험을 최소화하고, 보상을 최대화하려는 뇌의 결정에 의한 것이다.

뇌에는 대뇌변연계라고 불리는 정동을 관장하는 부위가 있다. 그 안의 해마라고 불리는 부위는 우리의 눈, 귀, 코를 통해 들어오는 모든 정보를 감정 라벨을 붙여 정리하고 저장한다. 해마는 인간의 행동을 결정하는 곳이다.

사실 우리의 행동은 2가지밖에 없다.

첫째, 눈앞의 사물을 '보상'으로 간주하고 '접근한다.'
둘째, 눈앞의 사물을 '위험'으로 간주하고 '회피한다.'

대뇌변연계는 이 판단을 우리가 무언가를 의식하기 0.5초 전에 끝낸다. 뇌는 자연스럽게 자신이 긍정적으로 평가한 것과 결부되는 일이나 사람, 정보를 향하도록 되어 있는 것이다.

자아실현에 행동은 반드시 필요하다. 그러나 행동력은 절대적으로 갖춰야 할 필수 조건은 아니다. 그보다 더 필요한 것은 적절한 보상을 설정하는 것뿐. 보상만 설정되면 인간은 자연스럽게 그것과 연관된 행동을 하도록 되어 있다.

그 계기가 '질문'이다. 질문은 답으로 이어지는 현실만 우리에게 보여준다.

'소망이 질문을 만들고, 질문이 답이라는 형태로 현실을 창조한다.'

'끌어당김의 법칙'도 이러한 구조를 가지고 있다.

명확한 꿈이 있으면 구체적인 질문이 생겨나고, 구체적인 질문이 있으면 적절한 답이 도출된다. 인간은 이러한 성질을 천부적으로 가지고 태어났다.

보물지도는 나를 움직이는 최고의 보상 시스템

그럼 어떻게 보상을 설정하면 좋을까?
필요한 것은 2가지다.

첫 번째는 스스로 '보상'을 재설정하는 것이다.
보상은 꿈, 소망, 희망, 욕구, 목표, 의도, 의지, 비전 등 여러 가지 단어로 표현할 수 있다. 여기서는 우선 '지금보다 더 밝은 미래'라고 바꿔 생각해보자.

두 번째는 정해진 '보상'을 제대로 설정하는 것이다.
앞 장에서 '소망이 이뤄지지 않는 이유는 그것을 잊어버리기 쉽기 때문'이라고 말했다. 반대로 말하면 항상 보상을 의식할 수만 있다면 필요한 정보는 자연스럽게 모여든다.

나는 '보상 설정을 결정한다'라고 표현한다. 결정하면 미래는 저절로 움직인다.

그렇다 해도 우리는 시시각각 밀려드는 정보의 소용돌이 속에 살고 있다. 아무 생각 없이 살다가는 스스로 '결정한 미래' 마저도 잃어버리고 원치 않는 인생을 살 수 있다.

말했듯이 인간의 뇌는 본능적으로 에너지를 절약하기 때문에 쉽게 흔들리고, 자기 관찰을 싫어하며, 보상이 없으면 쉽게 움직이지 않는다. 이것이 바로 보물지도를 사용해야 하는 이유다.

보물지도만 있으면 당신의 뇌는 에너지가 넘치고, 세상에 대해 마음의 문을 활짝 열고, 적절한 보상이 설정된 최상의 상태가 될 수 있다.

'무조건 노력해야 해. 노력하지 않으면 절대 성장할 수 없어.'

만약 당신이 이렇게 생각하고 있다면 잘못된 생각이다. 보물지도를 사용하면 노력하든 안 하든, 의식하든 안 하든 상관없이 매일 3분만 보면 스스로 성장하도록 되어 있기 때문이다.

에디슨의 일화로 살펴보는
고정관념의 위험성

지금까지 보물지도에 대해 과학적으로 입증해보았다.

다음은 그것을 현명하게 다룰 차례다.

그동안 많은 자아실현법에서는 '꿈을 끌어당기는 단계'까지가 핵심이었다. 이어달리기로 비유하면 바통을 받는 단계까지다. 그다음 '어떻게 달릴까', '어떻게 다음 주자에게 바통을 넘길까'라는 것은 이차적인 문제에 불과했다.

사실은 거기부터가 가장 중요한데도 말이다.

자, 그런데 여기서 문제가 있다.

목표를 이루려고 할 때 많은 사람이 자신만의 방법으로 혼자 조용히 시작해버린다. 실은 이것이 좌절하게 되는 가장 큰 원인이다.

한 인물을 예로 들어보자.

그의 이름은 토머스 에디슨. 설명이 필요 없는 발명왕이다. 전구 발명으로 말 그대로 우리에게 밝은 미래를 가져다주었다.

스탠포드 대학교의 심리학자 캐롤 드웩이 학생들에게 "에디슨은 혼자 전구 등을 발명했을까? 아니면 여러 사람들과 함께 발명했을까?"라고 물었다.

그 질문에 학생들은 종종 이렇게 대답했다고 한다.

"네, 혼자요. 뭘 만들지는 에디슨만 알았을 테니까요."

"네, (에디슨은) 혼자 방에 틀어박혀 기계 만지는 걸 좋아하는 사람이었을 테니까요."

이 대답은 우리의 고정관념이 얼마나 편협한지를 잘 보여주고 있다.

우리는 에디슨에 대해 보통 이렇게 생각한다.

'위업을 달성한 천재는 자고로 고독한 법이니 그도 역시 혼자였을 것이다.'

'홀로 피나는 노력을 했을 것이다.'

'주위의 도움이나 이해 없이 오로지 자신의 세계에 틀어박혀

서 고독하게 연구했을 것이다.'

'비즈니스에 어두워서 오직 자신의 작품과 기록을 만드는 데만 집중했을 것이다.'

그러나 진실은 정반대였다. 실제로 에디슨은 다음과 같은 사람이었다.

① 우수한 팀을 구성해 개발했다

그는 머커스(Muckers, 동료)라고 불리는 25인의 연구 집단을 이끌었다. 영국인 기계공, 스위스인 오퍼레이터, 물리학자, 화학자, 제도공, 금속가공 장인 등 전문가들의 아이디어와 개선으로 발명은 속속 진행되었다. 에디슨은 이런 말을 남겼다.

"나는 발명가라기보다 아이디어를 흡수하는 스펀지다."

또한 '보수를 주식으로 주는 제도'도 에디슨의 발명이었다.

② 발명의 대부분은 기존 물건을 개량한 것이다

에디슨 생애 천여 건에 가까운 특허 가운데 대부분은 기존 아이디어를 개량한 것이었다. 유명한 '백열전구'도 그랬다. 에디슨이 발명하기 전에 이미 영국의 과학자 조셉 스완이 특허를 취득했던 것이다. 그러나 그 전구는 수명이 짧아 실용적이지 못했다.

그래서 에디슨은 전심전력을 다해 개량에 힘썼다.

특히 유명한 일화가 전류를 통하게 하는 필라멘트 연구다. 어떻게든 점등 수명을 연장하고 싶은 일념으로 에디슨은 약 5천 가지나 되는 재료 샘플을 모았다. 그리고 그것들을 밤낮으로 하나씩 시도해보았다. 그 결과 대나무가 좋다는 사실을 알고 나서 20명의 조사원을 전 세계로 파견해 최고의 대나무를 찾아다닌 적도 있었다고 한다.

후에 조셉 스완에게 특허를 매입해 에디슨은 비로소 전기 발명가가 되었다.

③ 초일류 실업가로 홍보했다

'실업가'. 에디슨의 직함에는 꼭 이 말이 붙어다녔다.

일례로 에디슨은 백열전구를 발명한 후 단숨에 사업에 뛰어들었다. 우선 대량 생산이 가능한 공장을 설립했다. 의원이나 담당 공무원을 연구소로 초대해 지하공사 허가를 요청했고, 1882년에는 뉴욕에서 세계 최초로 대형 화력발전소를 완공했다.

또한 대형 발전기와 수천 개의 전구를 배에 싣고 파리와 런던에서 자신의 사업을 홍보하기도 했다. 자동차왕 헨리 포드는 평생 실업가 에디슨을 존경했다고 한다.

어떤가? 당신의 밝은 미래에 가치가 있으면 있을수록 거기에는 최고의 인간관계, 전달력, 자기계발 능력이 필요하다. 반대로 말하면, 실력이 있어도 이것들이 없다면 소망은 이룰 수 없다. 그래서 지금부터는 이 3가지를 손에 넣고 당신의 꿈을 실현하는 방법에 대해 전하려고 한다.

4장에서는 '인간관계', 5장에서는 '전달력', 6장에서는 '습관', 7장에서는 '자기계발'을 주제로 다룬다.

이것들은 보물지도의 효과를 최대로 높이는 중요한 배경이다. 보물지도의 효과를 100% 끌어올리기 위해서도 이 기회에 꼭 익히기를 바란다.

4장

보물지도 효과를 극대화하는 인간관계

모든 문제를 해결하는
마법의 여섯 글자

이번 장에서는 당신이 만든 보물지도를 가장 빠른 속도로 이루어줄 최고의 인간관계 기술에 대해 설명하려고 한다. 보물지도의 효과를 극대화하기 위해 가장 먼저 기억해두어야 할 기술이다.

앞서 '혼자서는 원하는 미래로 갈 수 없다'고 말했듯이, 자아실현을 위해서는 내 편의 힘이 매우 중요하다.

그렇지만 "믿을 만한 사람이 없어", "난 뭐든 혼자 해결하는 성격이라서"라고 말하는 사람도 있을 것이다. 그런 사람도 인간관계 능력을 기르고 잘 활용한다면 성공 속도는 몇 배로 높아질 것이다.

게다가 이 방법은 효과가 매우 강력해서 당신을 밝은 미래로 이끄는 최고의 기술이라고 할 수 있다.

이제 최고의 인간관계를 맺는 데 가장 중요한 멘트이자, 모든 문제를 해결하는 마법의 말을 알려주겠다.

그것은 바로……

"가르쳐주세요"라는 말이다.

단 여섯 글자인 이 말만 기억하면 된다.

만약 당신이 어떤 문제로 고민하고 있고 그것이 당신의 자아실현을 방해한다 해도 안심하자. 이 세상에는 당신의 문제에 대해 이미 답을 가진 사람이 어딘가 반드시 존재한다. 그 사람을 찾아가서 부끄러워하거나 주저하지 말고 자신 있게 "(해결할 답을) 가르쳐주세요"라고 묻는 것이다.

이 말이 삶에 얼마나 요긴한지를 3가지의 예로 설명하도록 하겠다.

나에게 필요해도
모두에게 그렇지 않다는 것

아이스크림의 역사는 기원전으로 올라갈 만큼 오래되었다고 한다. 그런데 아이스크림을 담는 '콘'이 발명되는 데는 그로부터 참으로 긴 세월이 필요했다.

1904년, 미국 세인트루이스 세계박람회에서 두 남자가 가게를 열었다. 그중 한 남자가 조지 뱅이었다. 버터 제조업자인 그는 아이스크림을 팔고 있었다. 또 한 남자는 어니스트 함위로 얇은 터키식 와플을 팔고 있었다.

그런데 두 사람은 서로 정반대의 고민에 부딪쳤다.

뱅의 가게는 아이스크림이 너무 잘 팔려서 아이스크림을 담을 그릇이 동나고 말았다. 하지만 함위의 와플은 전혀 팔리지 않아 그저 조지의 가게 앞에 길게 늘어선 줄을 부러운 눈으로 바라볼 뿐이었다.

그런 두 사람의 시선이 드디어 마주쳤다. 함위는 와플을 차게 식혀 원뿔형으로 말아 그것을 그릇 대신 쓸 것을 제안했다. 이렇게 해서 아이스크림콘이 발명되었고 지금까지 팔리고 있다.

당신에게 부족한 것은 실은 누군가에게는 '남아도는 것'일지 모른다. 반대로 당신이 아무 생각 없이 할 수 있는 일이나 가지고 있는 물건이 누가 보면 초능력이거나 어마어마한 자산일 수도 있다.

재능도 자원도 교환될 때를 기다리고 있다. 그러니 주저 말고 표현하자. "가르쳐주세요"라고.

어떤 난제도 누군가는 해결한다

제리 스터닌이 베트남에 파견된 때는 월남전 직후인 1990년이었다.

터프츠 대학교 영양학과 교수인 그는 세이브더칠드런 소속으로 베트남 아이들의 영양실조 개선 프로그램에 참여했다. 현지 상황은 열악하기 짝이 없었다. 임무 기한은 6개월이었지만 예산은커녕 베트남 정부의 지원도 없었다. 대안을 찾아야 했다.

스터닌은 가난한 집에 살지만 보통의 아이보다 체격이 좋고 건강한 아이를 수소문했다. 그 결과 특이점을 발견했다. 같은 조건에서도 영양상태가 양호한 아이를 둔 어머니는 남다른 방식으로 아이를 키우고 있었던 것이다.

'한 끼 식사량을 줄이는 대신 하루 4번 조금씩 식사를 준다.'
'아이의 건강이 나쁠 때는 음식을 적극적으로 먹인다.'
'쌀에 새우나 작은 게를 넣어 단백질을 섭취하게 한다.'
'모두가 피하던 참마 잎을 음식에 넣어 비타민을 먹게 한다.'

이후 스터닌은 그룹을 만들기로 했다. 영양상에 문제가 있는 50가족 중에서 10가족별로 매일 오두막에 모여 새우와 작은 게, 참마 잎으로 함께 요리하는 시간을 가졌다. 자신들이 이미 가지고 있던 지혜를 서로 공유하는 방식으로 난국을 극복한 것이다.

이 방식은 마침내 베트남 전역으로 퍼져나갔고, 265개 마을에서 220만 명의 베트남인이 참가했다. 스터닌이 6개월 후에 베트남을 떠날 무렵에는 65% 아이들의 영양상태가 개선되는 놀라운 결과를 가져왔다.

그 어떤 난제라도 반드시 그 해결책에 접근해 있는 사람이 있다. 그 사람을 찾아 지혜를 공유하면 된다. 아무리 큰 문제도 해결책은 작은 실마리부터 시작된다.

그러니 그들에게 부탁하자. "가르쳐주세요"라고.

남의 꿈을 많이 들을수록 큰 미래가 열린다

"저 사람은 내가 하고 싶은 것을 이해하지 못해요."
"그 사람에게 제 꿈을 이야기해도 귀담아듣질 않아요."

이런 상담을 들을 때면 나는 반대로 이렇게 묻는다.
"당신은 그 사람의 꿈이 뭔지 귀담아들은 적이 있나요?"

국제도서관 연맹으로부터 '세계 최고의 공공도서관'이라는 평가를 받은 도서관은 덴마크의 중부 항구도시인 오르후스에 있다. 그 이름은 'DOKK1(도크1)'. 2015년에 완성된 이 도서관에는 하루에 5천 명의 시민이 방문한다.

기막힌 건 이 도서관의 건설 비화다.

도크1은 완성되기까지 17년의 세월이 걸렸다. 그중 13년은 시민과의 '토론'에 사용되었다. 토론은 남녀노소를 불문하고 오갔다. 가령 이런 독특한 시도가 있었다. 어린이들에게 공작 시간 때 '미래의 이상적인 도서관'을 만들도록 지도했다. 그리고 건설 경쟁에 참가하는 기업들에게는 반드시 아이들의 아이디어 하나는 살리는 조건을 걸었다. 거기에는 롤프 관장의 이런 생각이 담겨 있었다.

'덴마크 도서관의 새로운 표준을 만들겠다.'

'민주주의 교육의 중심인 도서관의 존재 의의를 재정의하겠다.'

사람은 각자 '꿈의 부품'을 가지고 있다. 상대방의 꿈을 듣고 이야기를 나누는 것은 상대방에게는 그 부품을 모으는 일과 같다. 사람은 부품을 모아준 상대에게는 조립을 완성할 수 있도록 응원하고 싶어진다. 가장 많은 사람의 꿈을 듣는다면 당연히 가장 큰 미래를 창조할 수 있는 것이다.

그러니 물어보자. "가르쳐주세요"라고.

세로 인맥과 가로 인맥의 차이점

그다음으로 누구에게 "가르쳐주세요"라고 물을 것인가가 중요하다. 당연히 당신은 '문제의 답을 알 만한 사람'이라고 생각할 것이다. 하지만 실제로는 어떨까? 대부분은 '답을 알 만한 사람'이 아니라 '말 걸기 쉬운 사람'에게 묻는다.

여기서 중요한 것이 인맥이다.

인맥에는 두 종류가 있다.

하나가 '세로 인맥'. 자신보다 실력도 영향력도 사회적 위치도 위인 사람들이다. 그들에게는 당신과 함께 있을 이유가 딱히 없다. 그래서 당신은 긴장되고 그 자리가 불편하고 피곤할 것이다. 함께 시간을 보낼 수 있으려면 당신이 그만큼 성장해야 한다.

당신이 그 무리 안에 들어갈 수만 있다면 동료들이 보기엔 한 발 앞서가는 성공한 사람이다. 주변 사람들은 자연스럽게 당신을 존경할 테고 영향력도 생긴다.

두 번째는 '가로 인맥'이다. 자기와 비슷한 실력과 처지를 가진 사람들, 혹은 후배들을 예로 들 수 있다. 서로 지향하는 바가 비슷하고, 서로를 잘 알며 함께 있으면 기분 좋은 사람들이다. 세로 인맥과는 달리 금방이라도 그 무리 속으로 들어갈 수 있다. 세로 인맥이라는 말이 어감상 나쁘게 느껴지는 이유가 대부분이 가로 인맥을 추구하기 때문인지도 모른다. 반면에 편안한 느낌 때문에 안일해지기 쉽다. 관계의 폭이 넓어지지 않고 때로는 우월감을 느끼며 안주해버리기 때문에 당신의 성장에 도움이 되지 않는 경우도 많다.

그래서 내가 추천하는 것이 첫 번째 '세로 인맥'이다. 당신이 추구하는 분야에서 마치 당신의 10년 후 혹은 20년 후를 상상케 하는 실력과 인격을 갖춘 세로 인맥에 들어가는 것이다. 요점은 그 인맥이 당신을 과연 성장시켜줄 것인가 하는 부분이다.

그렇다면 성장은 어떤 조건에서 일어나고, 성장하기 위해서는 구체적으로 무엇을 하면 좋을까?

그걸 알 수 있는 실험이 있다.

성공한 사람들과 어울려야 하는 이유

2000년 어느 토요일, 시카고 교외의 한 극장에서 관객들에게 앙케트를 한다는 명목으로 팝콘과 음료를 무료로 나눠주었다. 한 그룹에게는 M컵의 팝콘을, 또 한 그룹에게는 L컵의 팝콘을 나눠주었다. 이 팝콘은 지독히도 맛이 없었다. 일부러 5일 전에 만든 발포스티롤 식감의 팝콘을 나눠주었기 때문이다.

당연히 관객들은 팝콘을 못 먹고 남겼고 그 양을 재보니 재미있는 사실을 알 수 있었다. L컵의 팝콘통을 받은 사람들은 M컵의 팝콘통을 받은 사람보다 53%나 더 많이 먹은 것이다.

앞에서 언급했던 코넬 대학교 식품표준연구소의 책임자 브라이언 원싱크 교수는 각 주에서 이 실험을 반복했다. 그 결과 이런 결론에 이르렀다.

'사람은 큰 그릇이 주어지면 더 많이 먹는다.'

인간은 환경에 좌우되는 생물이다. 내용물을 바꾸기만 해도 거기에 맞춰서 자연스럽게 변화해간다. 즉, 환경을 바꾸기만 하면 나머지는 그 환경에 맞춰서 성장해나간다.

따라서 당신의 꿈과 연관된 환경 속 사람들과 교류하면 된다.

"성공하고 싶다면 운 좋은 성공한 사람들과 어울려라."

예부터 성공 비법으로 자주 거론되던 이 말에 전적으로 동감한다. 그리고 나는 거기에 이 말을 덧붙이고 싶다.

"그리고 만약 당신이 성공했을 때는 다른 동료가 성공하도록 이끌어라."

원하는 상대와 순식간에 좋은 관계를 맺는 방법

이번엔 어떻게 하면 세로 인맥을 맺을 수 있을지 살펴보겠다.

답은 하나다.

'어떻게든 가까이 있어라. 그러면 어느 순간부터 갑자기 벽이 없어지고 친해질 수 있다.'

이 말에 바로 수긍하기는 힘들 수 있다. 그래서 재미있는 실험을 소개할까 한다.

1940년대 후반, 미국의 한 연구팀은 이런 가설을 세웠다.

'우정은 흔히 통학이나 산책 중에 나누는 수동적 접촉으로 형성된다.'

당시의 통설은 '어릴 때 익힌 가치관, 신념, 태도가 나중에 교우 관계를 결정짓는다'는 것이었다.

그럼 인간관계를 결정짓는 것은 접촉의 기회일까, 성격일까?

연구팀이 학생 기숙사를 무대로 실험을 시작했다. 실험은 간단했다. 기숙사에 들어온 지 몇 개월 안 된 학생에게 '절친'이라고 생각되는 사람을 3명만 꼽아달라고 했다.

결과가 아주 재미있었다. 피험자의 42%가 바로 옆에 있는 친구의 이름을 댄 것이다. 연구팀이 이런 질문도 했다.

"가장 친구가 많고 인기 많은 사람은 누구인가요?"

돌아온 답이 '1호실'과 '5호실'에 사는 친구의 이름이었다. 그러나 그 둘이 특별히 매력적인 건 아니었다. 둘의 공통점은 단 하나, '위층으로 올라가는 계단 아래의 방을 쓰는 사람'이었다. 즉, 기숙사 내에서 사람들과 가장 자주 마주치는 장소에 머물렀던 셈이다.

최종적으로 연구팀은 이와 같은 결론을 내렸다.

'인간관계의 열쇠는 물리적 공간이다.'

미국에서는 현재도 사무실을 디자인할 때 이 연구 결과를 활용한다. 한 예로 애니메이션 회사인 픽사를 인수했던 스티브 잡스는 넓은 사무실 하나에서 과학자, 임원진, 애니메이터 전원이 함께 교류할 수 있도록 했다.

그렇다면 우리는 구체적으로 어떻게 행동해야 좋을까?

내가 젊을 때부터 계속 실천해온 것이 있다. 당시 나는 감명받은 책이 있으면 저자에게 후기를 써서 보내곤 했다. 그러면 저자의 강연회 일정 등을 알 수 있었고, 강연회에 참가하면 다음 방법으로 저자와 친해지도록 노력했다.

첫째, 강연장 맨 앞줄에 앉는다.

둘째, 끄덕임, 웃는 얼굴, 리액션 등을 보이며 누구보다 진지하게 듣는다.

셋째, 질문할 거리를 꼭 준비해 간다.

이렇게 하면 대부분 상대방과 친해질 수 있었고, 상대방이 먼저 내게 말을 걸어주었다. 거기서 명함을 나누고, 나의 비전을 이야기하는 것이다(어떻게 말하면 좋은지는 다음 장에서 설명하겠다). 지금은 인터넷 검색을 통해 얼마든지 이벤트 정보를 알 수 있다. 당신도 인간관계를 넓히는 데 이 방법을 이용해봤으면 한다.

인간관계가
보물지도의 성공률을 높인다

세로 인맥에 들어가는 가장 빠른 방법은 바로 '제자 되기'다. 전근대적인 방식이라 생각할지 모르지만 제자가 되는 수밖에 배울 길이 없는 경우가 있다. 그것은 말이나 수치로 표현할 수 없는 지혜라고도 할 수 있다.

'왜 그런지 그냥 가능해지더라', '왜 그런지 저절로 알아지더라', '왠지 예측이 되더라' 하는 암묵적 지식은 스승 곁에 있어야만 익힐 수 있다.

제2차 세계대전 중 영국 정부는 어떤 문제로 골머리를 앓고 있었다. 바로 아군 쪽으로 날아오는 공군기가 독일 적국기인지, 자국기의 귀환인지 판별하기 힘들었던 것이다.

　빨리 판별하지 못하면 아군의 피해가 너무 컸다. 그래서 그들이 의지한 것은 '스포터'라고 하는 순수 비행기 덕후들이었다. 그들은 저 멀리 엔진 소리만 듣고도 어느 나라 비행기인지 판별할 수 있다고 했다.

　영국군은 되도록 많은 스포터 육성을 시도했다. 그런데 문제가 발생했다. 촌각을 다투는 상황에서 비행기 덕후들은 자신이 듣고 있는 소리가 무엇인지 제대로 설명하지 못했다. 사령부는 고심 끝에 획기적인 제도를 마련했다.

　리더 역할의 스포터와 신입 스포터를 한 팀으로 묶은 뒤, 신입은 비행기 소리를 듣고 적군인지 아군인지 대답하고, 리더는 그 답을 최종 판단해서 상부에 보고하는 방식이었다.

　이 시도의 효과는 절대적이었다. 신입은 빠른 속도로 선배와 똑같은 감각을 익혔다. 성공한 사람일수록 제자 영입의 중요성을 잘 안다. 이 사례처럼 성공한 스승과 같은 공간에 있는 것은 보물지도의 성공률을 높이는 기술이기도 하다.

존경하는 인물의 사고 회로를
내 머릿속에 심자

나도 스물여덟에 이직할 때 스승의 제자로 들어갈 생각이었다. 졸업과 동시에 한 자동차 회사의 영업사원으로 입사한 나는 업무에 적응하지 못해 고심하던 차에 모 회사의 구인 광고를 보게 되었다. 평소 존경하는 마음에 강의교재를 사 모았던 자기계발 강사였는데 그분 회사에서 구인광고를 낸 것이다. 마치 나를 위한 구인광고 같았고, 어떻게든 그 회사에 꼭 들어가고 싶었.

꿈꾸는 미래로 가는 길을 드디어 찾았다고 생각한 나는 면접을 보기로 한 전날 밤 작정하고 러브레터를 썼다. '6개월 동안 월급은 필요 없습니다'라고. 다행히 채용되어 세미나 강사가 되었고 지금까지 내 일을 성공적으로 해내고 있다. 지금도 훌륭한 분이라고 생각되면 제자가 되는 수준까지는 아니지만 어떻게든 직접 만나 배우고 있다. 대부분은 나보다 나이가 어리지만 그건 내게 전혀 문제되지 않는다. 그 방면에 있어서는 나보다 훨씬 앞서 가고 있는 스승이기 때문이다.

그렇게 내가 반평생 익혀온 제자가 되는 방법을 공개한다.

스승을 찾는 방법 3단계
1단계 : 자신이 꿈꾸는 미래와 관련된 장르와 분야를 정한다.
2단계 : 그 장르의 톱10을 조사해 차례로 접촉해나간다.
3단계 : 느낌이 오는 사람이 있으면 직접 만나 제자로 삼아줄 것을 부탁한다.

제자를 둔다는 것은 스승의 삶에도 큰 부담이다. 열정만 가지고는 부족하고, 상대방에게 '당신을 제자로 삼아서 얻을 수 있는 게 무엇이 있는가'에 대해 생각해보도록 유도하는 게 가장 중요하다.

제자가 되는 방법은 다음과 같다.

거절 당하지 않는 제자 되기 5가지 방법

① 수업료를 지불하고 스승의 시간을 얻는다.

② 스승의 일을 돕는 것으로 대가를 지불한다.

③ 스승의 가치관을 흔들 수 있는 유익한 정보를 제공한다.

④ 스승이 원하는 인맥을 소개한다.

⑤ 자신의 기술로 스승의 콘텐츠를 상품화하는 데 일조한다.

나는 제자로 들어간 회사에서 가장 먼저 2가지를 시도했다. 화장실 청소도 했고 대표님의 가방을 들기도 했다. 중도 포기자들을 위한 팔로우 강좌를 제안해 고객 수를 늘리는 데 도움을 주기도 했다. 또한 다섯 번째로는 훌륭한 콘텐츠를 가진 스승께 내가 오랫동안 경험한 강연이나 집필, 출판의 노하우를 전해주기도 하였다.

이건 결코 어려운 일이 아니다. 스승에게는 없지만 당신에게는 있는 것, 그것들은 스승에게 제안하기 좋은 소재다. 꼭 한번 도전해보자.

그럼, 제자가 된 후에는 무엇을 하면 좋을까?

완전한 모방을 실천하면 된다. 스승화되는 것이다.

그것을 증명하는 재미있는 일화가 있다.

해외의 저명인사들이 들어와 강연할 때 가장 큰 영향을 받는 사람이 누구인지 아는가?

예상과 달리 팬이 아니다. 영향을 가장 많이 받는 사람은 다름 아닌 통역사다. 통역사는 말하기 훈련을 꾸준히 받으면서 강연의 내용뿐 아니라 사고법까지 입력한다.

먼저 스승의 말을 따라하고 반복해서 이야기해보자. 나는 스승의 말씀을 메모한 뒤 집 거울 앞에서 그대로 따라 말하기를 반복했다. 그랬더니 스승의 독특한 말 습관까지도 몸에 배었다. 거기서 한 발 더 나아가면 '이럴 때 스승이라면 어떻게 생각할까'라는 질문이 떠오르게 된다. 요즘에는 스승님과 같은 사고 회로로 자연스럽게 문제를 해결할 수 있게 되었다.

만약 직접적인 제자가 되기가 어려운 경우에는 일정 기간 그 스승의 동영상이나 음성을 계속 보고 들으며 하루하루를 보내보는 것도 좋다.

서로 성장하는
가장 이상적인 인간관계

'나이키'는 수많은 톱 선수와 제휴를 맺은 세계 최대의 스포츠 브랜드 회사다. 창업자인 필 나이트는 예전에 아들 매슈를 교통사고로 잃었는데 아들의 죽음이 발표된 아침에 가장 먼저 추모 전화를 건 사람이 골프 황제 타이거 우즈였다고 한다.

나이키는 1996년부터 우즈의 스폰서를 맡아왔다. 필 나이트는 그의 전화에 깊이 감동해 "나는 그의 마음을 평생 잊을 수 없을 것이다"라고 말하기도 했다.

머지않아 그 말이 시험받을 때가 찾아왔다.

2009년은 우즈의 인생이 추락할 위기에 놓여 있던 시기였다. 불륜 스캔들 폭로를 시작으로 허리통증으로 인해 그의 몸 상태가 최악이었다. 또한 지난 2017년에는 마약성 진통제를 복용하고 운전해 경찰에 체포된 적도 있었다. 광고모델로서 나이키의 브랜드 가치를 크게 훼손한 사건이었다. 언론으로서는 그보다 더할 나위 없이 좋은 가십 거리였다. 각종 언론에서 연일 떠들썩한 폭로전이 펼쳐졌다.

그러나 나이트는 우즈를 결코 버리지 않았다.

"내 앞에서 우즈를 욕하는 걸 참을 수 없다."

유명기업이 잇달아 계약을 중단하는 와중에도 나이키는 타이거 우즈의 스폰서를 중단하지 않았다.

그리고 2019년 4월 14일, 기적이 일어났다. 마스터스 토너먼트에서 우즈가 마스터스 역대 5번째 대회 제패를 달성한 것이다. 14년만의 기적이었다. 언론은 손바닥 뒤집듯 이 기적을 다루며 나이키의 주가 상승을 '타이거 효과'라고 보도했다.

마스터스 우승으로 전 세계가 들썩이는 가운데 나이키가 한 편의 짧은 영상을 소셜미디어에 게재했다. 영상 제목은 '똑같은 꿈'. 우즈가 마스터스 우승을 차지하는 순간과 부상으로 무릎을 꿇는 장면 등을 교차한 장면 위로 이런 자막이 흐른다.

"인생의 정점과 바닥을 모두 겪고 방금 15번째 메이저 우승을 차지한 43살의 이 남자가 3살 때 꿨던 꿈과 여전히 같은 꿈을 꾼다는 건 믿을 수 없는 일이다."

이처럼 목표를 향해 나아가기 위해서는 항상 나를 지지해주는 든든한 내 편이 필요하다.

인생이 맑은 날에는 내 곁에 사람들이 많다. 그러나 인생이 바닥을 찍고 폭우가 쏟아지는 날에는 그들 대부분이 내 곁에서 사라진다. 비록 바닥으로 떨어졌다고 해도 내 곁에서 힘이 되어주는 사람이 진짜 내 편이다.

그렇다면 내 편은 어떻게 하면 찾을 수 있을까? 먼저 당신부터 비를 맞고 있는 친구 편에 서는 것이다. 인생은 돌고 돌기에 다음 번에 당신이 비 오는 날 맨몸으로 서 있을 때 곁으로 다가와 함께 비를 맞아줄 것이다. 나이트와 우즈처럼 말이다. 살다 보면 이런 상황도 있다는 게 인생이라는 여행의 묘미가 아닐까 싶다.

자신의 보물지도에 어떤 그림을 그리고 싶은지, 그리고 거기에는 어떤 사람들이 당신과 함께할지 상상해보자. 그들과의 만남, 그들로부터 받는 조력과 배움을 기대하며 정성껏 보물지도를 꾸미기 바란다.

5장

내 꿈의
조력자를 늘리는
전달력

내 말이 상대에게
잘 전달되지 않는 이유

이번 장에서는 '전달력'에 대해 설명하고자 한다.

자신의 보물지도를 상대에게 이해시키고 협력을 얻으려면 자신의 생각을 잘 전할 수 있는 능력이 반드시 필요하다.

비즈니스 현장에서도 전달력이 서툴러 고민하는 사람이 많다. 당신이 전달하고자 하는 것을 제대로 전달하지 못하면 서로에게 큰 손해가 아닐 수 없다.

가령 1분간의 프레젠테이션이나 사랑 고백으로도 인생이 얼마든지 바뀔 수 있다. 그러므로 자신이 하고자 하는 말을 과장하지는 않더라도 정확히 전할 수 있어야 한다.

나는 열심히 설명하는데 상대방이 무슨 뜻인지 못 알아듣는 듯한 표정을 지을 때가 제일 난감하다. 그렇다면 상대방이 바로바로 알아들을 수 있게 말을 잘하는 능력을 기르려면 어떻게 해야 할까?

1990년에 스탠포드 대학교에서 박사 과정을 밟고 있던 엘리자베스 뉴턴은 한 편의 논문을 발표했다. 후에 이것은 '간단한 놀이로 박사 학위를 받은 논문'으로 불린다.

놀이 내용은 이렇다.

① 실험 참가자를 리듬에 맞추어 각기 두드리기만 하는 A그룹(Tapper)과 듣기만 하는 B그룹(Listener)으로 나눈다.
② A그룹은 누구나 알 수 있는 노래 〈해피 버스데이 투 유〉 등 120곡 중 하나를 골라 머릿속으로 노래를 생각하며 리듬에 맞춰 테이블을 두드린다.
③ B그룹은 그 리듬을 듣고 노래 제목을 맞춘다.

재미있는 것은 여기서부터다.
총 120곡 가운데 B그룹이 맞춘 곡수는 달랑 3곡뿐, 정답률이 2.5%였던 것이다.

흥미로운 건 A그룹에게 B그룹의 정답률을 짐작해보라고 하니 50% 이상 맞출 것으로 예상했다는 점이다.

즉, 전달자는 머릿속으로 노래를 떠올리면서 리듬을 타기 때문에 노래 멜로디가 선명하게 들리지만 듣는 사람에겐 그 노래가 들리지 않는다. 이들의 귀에 들리는 소리는 그저 책상을 두드리는 어쩌면 모스 부호에 가까운 의미 없는 박자일 뿐이다. 그 차이가 20분의 1이라는 확연한 수치로 나타난 것이다.

"당신의 말을 듣고 있는 상대는 '당신'이 아니다."

당연한 사실이다. 그런데 우리는 이 사실을 잊고서, 내가 하는 말을 상대방이 모두 이해할 거라고 믿어버린다. 이를 일컬어 '지식의 굴레'라고 한다.

그럼, 거꾸로 생각해보자. 당신이 한 말 중에서 상대방의 머릿속에 남는 것이 있다면 그건 대체 어느 부분일까? 그에 관한 재미있는 실험을 하나 더 소개하겠다.

숫자보다 이야기가 잘 기억되는 과학적 근거

스탠포드 대학교에서 다음과 같은 실험을 했다.

① 먼저 학생들에게 정부기관이 발행한 범죄 패턴 통계 데이터를 사전 자료로 전달한다.
② 그다음 학생들을 '경범죄를 심각하게 생각한다'는 그룹과 '심각하게 생각하지 않는다'는 그룹으로 나눈다.
③ 거기서 더 소그룹으로 나누어 그룹 내에서 자신의 입장에 대해 1분간 스피치를 한다.
④ 참관자들이 발표자의 스피치에 대해 채점한다.

여기까지는 흔히 볼 수 있는 수업 방식이다. 점수를 높게 받은 학생은 스피치에 이야기를 잘 섞어 재미있게 풀어냈다.

이때 지도강사인 칩 하스가 10분간 휴식시간을 주며 학생들에게 코미디 영상을 보여주었다. 이후 수업이 재개되자 학생들에게 발표 내용 중 기억나는 게 있으면 가능한 한 많이 써서 제출하라고 지시했다.

학생들은 아연실색했다. 발표 내용을 기억하려는 노력을 아예 하지 않았기 때문이다. 학생들은 발표 때 들은 통계 데이터를 어렵사리 써넣었는데 그 수치가 겨우 5%에 그쳤다. 단 10분 전에 들은 발표였는데도 말이다.

하지만 많은 학생이 떠올린 것이 있었다. 바로 이야기였다. 개인적인 상념이나 인간미 있는 이야기를 들려준 학생의 발표를 가장 많이 기억한 것이다. 재미있게도 이 부분에 관해서는 약 63%의 학생이 자신이 들은 이야기를 정확히 기억해 써냈다. 결국 인간은 이야기밖에 기억하지 못한다는 뜻이다.

스토리텔링은 최고의 대화 기법이다

인간은 '이야기'밖에 기억하지 못한다. 그 이유는 무엇일까?

비즈니스 스토리텔링의 일인자 아네트 시몬스는 "이야기에는 듣는 사람의 의식을 '변성 의식 상태'로 유도하는 힘이 있다"고 말한다. 변성 의식 상태란 일반적이지 않은 약물복용상태부터 임사상태, 명상상태까지 포괄하는 모든 비일상적인 의식상태를 의미한다. 즉, 스토리텔링에는 논리적이고 분석적인 사고를 차단하고 현실에 없는 상상의 세계로 의식을 돌리는 효과가 있다는 것이다.

이처럼 스토리텔링을 잘 활용하면 당신의 메시지를 좀 더 상대방의 마음 깊이 새겨 넣을 수 있다.

그렇다면 '이야기'는 어떻게 만들어야 좋을까?

2000년 전부터 이야기에는 한 가지 법칙이 전해지고 있다.

고대 그리스의 아리스토텔레스는 이야기의 구성을 '엉킴'과 '풀이'라고 표현했다. '엉킴'이란 사건의 발단부터 등장인물의 처지가 행복 혹은 불행으로 바뀌기 시작하는 부분까지, 그리고 '풀이'는 바뀐 부분부터 결말까지를 말한다.

바꿔 말하면 'Before'와 'After'이다.

'Before와 After의 차이가 사람의 흥미를 끈다.' 이 부분은 2장 SNS 보물지도를 다룰 때도 설명한 바 있다.

즉, 변화의 전후를 보여주면 그것은 하나의 이야기가 된다.

'그렇게 못났던 내가 이렇게 잘난 사람이 되었다!'

단지 이 느낌만 전달하면 된다.

그리고 그 변화의 정도가 크면 클수록 이야기는 더 재미있어진다. 그러니 설령 밑바닥 체험이라도 괜찮다. 역설적이게도 듣는 사람에게는 '더할 나위 없이 재미있는 스토리의 시작점'이 될 수 있기 때문이다.

마음을 끌어당기는
'클리프 행거의 원리'

2015년, 캐나다의 한 연구원이 2000명의 피험자를 모집한 후 112명의 뇌 활동을 뇌파계로 측정했다.

그리고 인간이 한 가지 일에 주의를 기울일 수 있는 시간은 평균 8초밖에 되지 않는다는 충격적인 결과를 발표했다. 하물며 금붕어의 집중력도 9초인데 말이다.

따라서 자신의 의사를 전달할 때는 상대방의 의식이 딴 데로 새지 않게 집중시키는 방법을 찾아야 한다.

방법은 어렵지 않다. 한 가지만 알아도 상대방의 의식은 내 쪽에 꽂히게 되어 있다. 그것은 바로 자신의 '비밀'을 털어놓는 것이다.

사람은 신화가 시작되던 시기부터 비밀스러운 이야기에 매료되었다. 그리스 로마 신화의 판도라 상자처럼 말이다. 그리고 비밀은 쉽게 만들 수 있다. 내용의 일부분을 숨기기만 하면 된다.

러시아의 심리학자 블루마 자이가르니크는 1920년대에 한 가지 실험을 했다.

200명 이상의 남녀노소를 모아놓고 20개 정도의 간단한 과제를 내주었다. 이때 과제를 푸는 도중에 일부러 훼방을 놓아서 과제를 끝내지 못하도록 했다. 그리고 잠시 후 과제 내용에 대해 물었다. 그 결과 완성된 과제보다 미완성으로 남은 과제를 기억해내는 비율이 평균 90%나 높았다.

다시 말해 중단된 과제는 머릿속에서 떨쳐내지 못하고 계속 되뇌고 있기에 완성된 문제보다 더 많이 기억하고, 반대로 완성되어 더 풀 필요가 없어진 문제는 머릿속에서 깨끗이 지운다는 것이다.

방송사에서 드라마를 항상 아쉬운 부분에서 끊는 것도 이 때문이다. 절정의 순간에서 미완성된 기억이 다음 주 같은 시간에 시청자들을 브라운관 앞에 앉힐 수 있다는 믿음에서다. 그 점을 잘 이용하고 있는 것이 바로 온라인 스트리밍 서비스인 넷플릭스다. 넷플릭스는 퀄리티 높은 드라마나 다큐멘터리를 집에서든 스마트폰으로든 언제 어디서나 시청할 수 있는 서비스다.

2015년, 넷플릭스사가 25편의 드라마를 대상으로 종방까지 다 보기로 결정하는 건 몇 화째인지 조사했다.

그 결과 평균 3.84화 째였고, 그중 7편은 2화 째에 종방까지 보고 싶다는 생각이 들었다고 한다. 왜일까?

그 비결은 역시 '비밀'에 있다. 드라마가 끝나기 몇 분 전에 다음 화로 이어지는 비밀을 풍겨서 도저히 다음 화를 확인하지 않고는 못 견디도록 만드는 것이다.

이처럼 최후의 연결 방법을 '클리프 행거(벼랑 끝에 매달린 사람)'라고 한다. 우리도 이러한 원리를 잘 활용한다면 상대방을 얼마든지 내 이야기에 집중시킬 수 있다.

전달력을 높이는 BAS법 따라 하기

결국 전달력은 2가지만 기억하면 된다.

① 당신의 스토리를 말함으로써 듣는 이의 마음을 움직인다.

② 맨 마지막에 비밀을 제시해서 듣는 이의 마음을 다음 무대로 유혹한다.

나는 이것을 26년간 무의식으로 실천해왔고 다음과 같이 체계화했다.

BAS법

1단계 : 당신의 변화 전 과거 모습을 전한다(Before).

2단계 : 당신이 변화된 이후의 현재 모습을 전한다(After).

3단계 : "제 변화의 비밀을 알고 싶은 분 계십니까? 알고 싶으신 분은 ○○해주세요."라고 행동을 재촉한다(Secret).

나는 이를 'Before →After →Secret'의 첫 글자를 따서 'BAS법'이라고 부른다.

BAS법의 골자는 단 하나. 즉, 자세히 설명하고 싶은 유혹을 이기면 된다. 당신이 하룻밤이든 이틀 밤이든 밤새서 이야기할 열정이 있더라도 참아야 한다. 그 열정은 전달 방식에 있어서는 해가 된다.

내 실제 강연 내용을 예로 들어보겠다.

이곳은 '보물지도'를 강의하는 장소다. 청중은 보물지도라고 하니 그저 동화 속 보물섬 지도에 관한 이야기이겠거니 생각하는, 한마디로 보물지도에 관한 지식이 전무한 사람들이다. 게다가 내게 허용된 강의 시간이 '90초'라고 가정해보자.

그런데 90초의 강의를 들었던 사람들이 환한 표정을 지으며 보물지도를 더 자세히 알고 싶다며 내 명함을 받고자 줄을 선다면 어떨까? 과연 그런 일이 가능할까?

"안녕하세요, 저는 작가이자 세미나 강사인 모치즈키 도시타카입니다. 지금까지 제 이름으로 된 책을 33권 출판했고 전 세계적으로 약 천만 부 넘게 팔렸습니다. 또 수많은 경영자와 연예인, 학교 및 교육 관계자의 자기계발을 돕고 있습니다.

① 하지만 저도 26년 전에는 사업 실패로 6억 원의 빚을 진 적이 있습니다. 그때는 스트레스로 온몸에 피부병이 돋았고, 아내가 무척 고생했습니다. 갓 태어난 우리 아이도 절박유산으로 인해 2개월이나 집중 치료에 들어갔지만 결국 만나지도 못하고 하늘나라로 떠나보내야만 했습니다. 게다가 재취직한 회사에서도 하루아침에 해고 당하고 말았습니다. 당시 매달 갚아야 할 빚만 생각하다 보니 스트레스가 극심한 상태였습니다.

② 그때 저는 하나의 방법을 만나게 됩니다. 그 방법으로 저는 넘치는 의욕과 열정, 에너지, 그리고 아이디어를 얻게 됐죠. 그 결과 10년 이상 걸리리라 예상했던 빚을 독립 후 1년 만에 갚았습니다. 뿐만 아니라 독립 2년째에는 세미나 룸이 달린 3층 집을 구입했고, 같은 해에는 그토록 염원하던 작

가가 되어 제 첫 책이 베스트셀러에 오르는 기쁨을 누릴 수 있었습니다. 그 후 저는 지금까지 26년 동안 좋아하는 일을 하면서 제 회사를 성장시키고 있습니다.

③ 그 비밀이 궁금하지 않으십니까? 그렇다면 저와 명함을 교환해주세요!"

①번이 변화 전의 Before다. ②번이 변화 후인 After이며, 마지막 ③번이 '비밀로의 유혹' Secret이다.

핵심은 '감추기'다. 알아챘겠지만 '보물지도'라는 단어조차 '어떤 방법'으로 바꿔서 이야기했다.

'BAS법'은 자기 생각을 전달하는 데 있어 굉장한 마력을 지니고 있다.

연속 드라마보다 더 장벽이 높은 것이 할리우드 영화라고 한다. 거기에서는 반드시 고객의 3가지 감정을 흔드는 각본이 요구된다.

① Voyeuristic(보고 싶다, 들여다보고 싶다)
② Vicarious(알고 싶다, 일체화하고 싶다)

③ Visceral (본능으로 느끼다, 이치를 떠나 느끼고 싶다)

BAS법은 이 3가지 V를 만족시킨다. 자신만의 스토리를 전달하여 사람들과 함께 공감하고, 비밀을 보여줌으로써 그 이후를 들여다보고 싶게 만드는 것이다.

이 방법은 어떤 상황에서도 쓸 수 있다. 스피치, 자기계발, 광고, SNS, 세미나, 강연회 등단 등 다양하다. 많은 사람을 끌어당기고, 밝은 미래로 나아가기 위한 조력자를 몇 배씩 늘려주는 최강의 전달 방식이다.

이로써 당신이 만든 보물지도, 거기에 꾸며놓은 당신의 꿈을 여러 사람에게 어떻게 전달해야 할지, 어떻게 하면 꿈을 실현할 수 있을지 이미지가 그려졌기를 바란다.

6장

어떤 꿈도 실현하는 습관의 힘

파산 직전의 회사를 살린 '보편타당한 습관'

"보물지도에 설계한 대로 제가 과연 꿈을 이룰 수 있을까요?"

많은 사람이 그렇게 의심스러운 말투로 나에게 묻는다. 그러고는 결국 이같이 토로한다.

"목적지는 정했는데 한 걸음도 내디뎌지지가 않아요."

"시작은 했는데 도무지 지속이 안 돼요."

"전 틀렸어요. 결국 제자리로 돌아오고 말았어요."

왜 많은 사람이 첫걸음조차 떼기 힘든 걸까?

원인은 한 가지, 그 첫걸음이 스스로의 힘으로는 내디딜 수 없을 만큼 너무 크기 때문이다.

사실 큰 꿈을 가진 사람일수록 작은 행동이나 실천에 약한 경우가 많다.

아무리 큰 꿈이라도 처음에는 한 걸음부터 시작하는 것이 중요하다. 그것도 어렵다면 한 걸음이 아닌 0.1걸음이라도, 아니 0.01걸음이라도 날마다 앞으로 나아가야 한다.

1994년, 미국의 항공 회사 '콘티넨털항공'은 최악의 상황에 직면했다. '정시 도착률', '수하물 분실 개수', '승객 10만 명 당 클레임 건수' 등이 전부 최악이었기 때문이다. 1984년부터 1994년 사이 2번의 법정관리를 통해 경영자가 무려 10번이나 바뀌었다. 더 이상 벼랑 끝이 아닌 벼랑 바닥이었다.

훗날 콘티넨털항공사 부활의 일등공신이 된 CEO 고든 베튠은 이렇게 말했다.

"1994년 초 콘티넨털기를 타면 어디로 끌려갈지 알 수 없었다."

"목적지가 있고, 제 시간에 거기에 도착하고 싶다면, 콘티넨털항공만은 피하는 게 좋다."

그런데 그로부터 겨우 1년 만에 콘티넨털항공사에 기적이 일어났다. 1995년에는 주가가 가장 많이 오른 회사에게 수여하는 '스톡 오브 더 이어(Stock of the Year)'를 수상했고, 1996년과 1997년에는 가장 고객만족도가 높은 에어라인에 수여되는 'J. D. 파워상'을 수상했다. 베튠은 무슨 마법을 썼을까?

그는 2가지를 개선했다. 잘못한 부분이 무엇인지 측정하고, 잘한 부분을 측정해 대가를 지급하기로 한 것이다.

먼저 '정시 운항수', 즉 '정해진 시간에 출발해 정해진 시간에 도착한 수'를 측정했다. 너무 당연한 일 같지만 그는 진심이었다. 그다음 이런 제도를 만들었다.

'정시 운항 목표를 달성하면 해당 달에 전 직원에게 65달러(7만원 정도)의 보너스를 지급한다. 못 채우면 전원이 1달러의 보너스도 챙길 수 없다.'

이처럼 정시 운항할 것을 전 직원에게 강조한 결과, 항공사는 극적인 성과를 거두었다. 그러나 이 또한 '당연한' 일일 뿐이다. 우리는 큰 성과를 내려면 엄청난 도전을 완수해야 한다고 착각하는 경향이 있다. 하지만 이 항공사처럼 당연한 일을 철저히 해내기만 하면 된다.

작은 손길로 다시 태어난
20세기 최고의 뮤지컬

미국 엔터테인먼트의 상징 중 하나가 브로드웨이 뮤지컬이다. 하지만 노스웨스턴 대학교 켈로그 경영대학원의 브라이언 우지 교수는 뮤지컬 업계의 어려운 현실을 이렇게 표현했다.

"지금까지 기획한 474편의 작품 중 흑자였던 무대는 겨우 23%에 불과하고 약 50%는 흥행에 실패했다."

그 격전지 속에서 금자탑이라 불리는 작품 하나가 〈회전목마〉다. 작곡가 리처드 로저스와 작사가이자 각본가인 오스카 해머스타인 2세에 의해 완성된 작품이다.

그런데 두 사람은 이 작품에서 새로운 것을 창조하지 않고 기존 구성을 개선했다. 〈릴리옴〉이라는 희극에서 소재를 빌려왔는

데, 작품성은 좋았지만 흥행 면에서는 아쉬웠던 작품이었다. 두 사람은 그 작품을 손질했다. 곡을 바꾸고, 무대를 미국 동해안으로 옮겼다. 그런데 그들에게 있어서 정말로 확신 있는 개선은 단 한 군데였다. 바로 러브송이 등장하는 '타이밍'이다. 그때까지는 스토리가 한참 진행된 후 주인공이 사랑에 빠졌을 때 클라이막스에서 노래하는 게 일반적이었다. 둘은 이것을 스토리의 첫 부분으로 옮겼다.

막이 열리고 잠시 후 〈If I Loved You(만약 당신을 사랑한다면)'〉는 듀엣곡이 시작된다. 거기서 관객은 단숨에 그 무대로 빨려든다. 이런 순간이야말로 관객들이 뮤지컬에서 원하는 것이었다. 둘은 그런 의미에서 관객들의 '당연한' 욕구에 부응했고, 약간의 개선으로 큰 성과를 거뒀다.

결과는 눈부셨다. 이 작품은 엄청난 화제를 불러일으켜 2년 동안 890회나 공연되었고, 1999년 타임지가 '20세기 최고의 뮤지컬'로 극찬하기도 했다.

우리 안에는 '큰 성과를 내려면 모조리 다 뜯어고쳐야 한다'는 오해가 있다. 그러나 실제로는 상대방의 기대에 맞춰서 작은 부분만 개선해도 충분한 효과가 날 수 있다.

미국의 억만장자가 30년간 지켜온 작은 습관

"억만장자 중에는 지극히 평범한 사람도 많다는 것을 안다면 더 많은 사람이 억만장자가 될 수 있을 텐데."

미국이 자랑하는 마케터 고(故) 댄 케네디가 한 말이다. 그는 스스로도 억만장자일 뿐만 아니라 수많은 억만장자를 배출한 인물로도 유명하다. 그에게는 1만 920일(약 30년간) 동안 빠짐없이 지속해온 습관이 있었다. 바로 자신의 사업이나 회사의 장래를 위해 '매일 씨앗을 심는 것'이다.

'고객에게 도움이 될 만한 신문과 잡지 기사를 보면 쪽지를 붙

여 보낸다.'

'안부 편지나 팩스를 한 통 보낸다.'

'만나면 도움이 될 만한 책 한 권을 선물한다.'

이것들이 그가 말하는 '씨앗 심기'다. 문자 그대로 씨앗만큼이나 아주 작은 습관이다. 하지만 그는 말한다.

"나에게 몇 년이고 기다려야 할 만큼 의뢰가 끊이지 않는 것은, 내 습관을 꾸준히 지키고 앞을 내다보며 매일 한 개씩 씨앗을 심어온 덕분이다."

큰 성과를 거두기 위해 반드시 참신하거나 거창한 일을 해야 하는 것은 아니다. 뭔가를 베푼 뒤에도 굳이 대가를 기대할 필요가 없는 아주 작은 기여로도 충분히 성과의 씨앗을 틔울 수 있다.

최신 데이터로 알아보는
66일의 습관화 이론

예부터 인간은 어떤 행동을 얼마큼 계속해야 습관으로 자리 잡을까에 대해 다양한 의견을 내놓았다. 3일이라는 사람이 있었고, 21일이라는 사람도 있었다. 이는 1960년대 맥스웰 몰츠 박사가 발표한 이론을 배경으로 하고 있다.

그리고 2010년 새로운 숫자가 발표되었다.

'자연스러운 실천에는 평균 66일이 걸린다.'

런던 대학교의 심리학자 필리파 랠리 교수팀의 이 발표는 큰 화제를 불러일으켰다. 연구팀은 이런 실험을 했다.

① 21~45세의 학생 96명에게 매일 할 수 있는 쉬운 행동이지만 실천하지 않은 행동 하나를 말하게 하고, 그 행동을 실천하라고 지시한다.
② 그 행동을 실천했는지 매일 웹상에서 보고받는다.
③ 이것을 84일간 계측한다.

그 결과 빠른 사람은 18일, 더딘 사람은 254일 만에 자연스럽게 행동을 실천할 수 있었고, 평균이 66일이었다. 학생이 희망한 습관은 '수분 섭취'에서부터 '명상하기'까지 다양했다.

그리고 연구팀은 '한 번이라도 습관을 거르면 습관화에 실패할까'에 대해서도 조사했다.

우리는 어떤 습관을 지속하려고 마음먹었다가도 한 번이라도 실패하면 '역시 난 안 돼' 하고 자포자기하기 쉽다. 연구팀은 피험자들이 평균 3번은 순조롭게 실천했지만 그다음에도 계속 실천했다는 보고가 없음에 주목했다. 조사했더니 5명의 피험자가 140회나 포기하는 순간을 맞았다고 한다.

그다음에는 어떻게 되었을까? 아쉽게도 습관화 수치는 내려갔다. 그래도 피험자들은 마음을 다잡고 습관을 이어나갔고, 마지막에는 피험자 대부분이 습관화에 성공했다. 연구팀은 이런 결론을 내렸다.

'비록 한 번쯤 습관을 걸러도 결국 습관화에 실질적 영향은 없다.'

그렇다. 비록 작심삼일이라도 정신을 차리고 다시 시작하면 된다. 우리의 진짜 문제는 '지속하지 못하는 것'이 아니라 '다시 시작하지 못하는 것'이다.

다시 시작하려면 어떻게 해야 할까?

다시 시작하는 힘을 기르려면 2가지 기술이 필요하다. '걸음을 멈추지 않는 기술'과 '길을 벗어나지 않는 기술'이다. 그것을 지금부터 설명하도록 하겠다.

아침의 상태가
회복과 성장을 좌우한다

앞에서 말했듯 콘티넨털항공사를 부활시킨 원동력은 '올바른 것을 측정하는 것'이었다. 이 같은 확고한 기준이 없다면 주위 환경이나 잡음에 흔들릴 수밖에 없다. 이것이 우리로 하여금 가던 걸음을 멈추게 만드는 가장 큰 원인이다.

'Anything is Possible(불가능은 없다)'

이 말은 하와이에서 열리는 아이언맨 월드챔피언십의 캐치프레이즈다. 참가자는 226km의 장거리를 수영(3.86km), 자전거(180.25km), 마라톤(42.195km)으로 정복해야 한다.

핀란드의 사미 인키넨은 연령별 세계챔피언이었다. 2014년에는 아내와 둘이서 샌프란시스코에서 하와이까지 45일간

3,860km를 손수 보트를 저어 횡단하는 위업을 이루었다. 놀라운 건, 그때 그가 사실 프로 선수가 아니었다는 점이다. 부동산 중개 서비스 트룰리아(Trulia)의 공동 CEO였던 그는 물건 소개뿐 아니라, 그 주변 범죄수와 교통량을 실시간으로 표시하는 세계적으로 유명한 서비스를 운영했다. 그는 모든 일에는 데이터가 있고 그 데이터가 성패를 좌우한다고 믿는다며 스스로를 '데이터 마니아'라고 일컫기도 했다.

그는 체중 변화, 심박수, HRV(심박변이도), 체내수분량 등 모든 데이터를 분석했다. 그 결과 마침내 자신의 회복과 성장을 나타내는 궁극의 지표를 발견했다. 그것은 바로 '아침의 기분이나 감정'이었다.

일시적인 수치만으로는 의미가 없다. 하지만 '감정'은 자신이 현재 최상인지 최악인지를 알려준다. 다시 말해 당신의 감정이야말로 당신이 계속해서 달릴 수 있는지 없는지를 알려주는 연료계라는 이야기다. 그 점을 항상 염두에 두어야 수시로 찾아드는 좌절감을 방지할 수 있다.

그리고 자신의 감정을 기본으로 로드맵을 작성해야 목표를 향해 멈추지 않고 가장 효율적으로 나아갈 수 있다.

긍정 대 부정의 최종 결론

"성공에 필요한 감정은 뭐라고 생각하세요?"

이렇게 물으면 많은 사람이 '긍정적 사고나 낙천적 사고'라고 대답한다. 하지만 정말 그럴까?

"긍정적 사고로는 꿈을 이루지 못한다."

이렇게 주장한 사람은 뉴욕 대학교와 함부르크 대학교의 가브리엘 외팅겐 교수다. 그는 오랫동안 긍정적 사고에 대해 다양한 실험을 했고 이를 통해 긍정적 공상의 문제점을 분석했다.

1991년, 그는 다이어트 프로그램에 참여하는 25명의 비만 여성을 대상으로 다음과 같이 실험을 진행했다.

① "당신은 이제 막 체중 감량 프로그램을 마쳤습니다. 오늘밤 친한 친구를 1년 만에 만날 예정입니다. 친구와 무엇을 하게 될지 상상해보세요."

② "당신이 지금 다이어트 중인데 퇴근 후 식탁 위에 놓인 달달한 도넛이 눈에 들어왔습니다. 그때 당신이 그 도넛을 어떻게 할지 상상해보세요."

③ 그런 다음 아래와 같이 질문했다.

"자신의 상상은 긍정적이었나요, 부정적이었나요?"

"당신은 다이어트에 성공할 것 같나요?"

"상상 속의 당신은 원하는 대로 날씬해진 모습인가요?"

답변 결과를 통해 피험자들을 두 부류로 나누었다.

친구와 날씬한 모습으로 거리를 활보하며 도넛은 거들떠보지도 않는 긍정적인 상상을 한 긍정파와, 친구와 음식점에서 기름진 음식을 실컷 먹고 식탁에 놓인 달달한 도넛을 냉큼 집어 먹는 부정적인 상상을 한 부정파다.

자, 1년 후 그녀들의 다이어트 결과는 어떻게 나왔을까?

다이어트에 성공한 여성은 부정파였고 긍정파보다 체중을 무려 11kg이나 감량했다.

어떻게 해서 이런 결과가 나왔을까?

가브리엘 교수는 이렇게 분석한다.

'장밋빛 미래만을 떠올리는 공상은 실행에 필요한 에너지를 빼앗는다. 행동할 필요가 없다고 느끼고 무기력해지는 것이다. 그리고 그 상태를 가능한 한 오래 유지하고 싶어서 긍정적 공상을 늘리는 데 도움이 되는 정보만 선택적으로 수용하고 그렇지 않은 정보는 회피한다.'

밝은 미래를 상상하는 것, 아름다운 꿈을 논하는 것은 분명 기분 좋은 일이다. 하지만 그 기분에만 취해 있다면 아무것도 시작할 수 없다. 그렇다면 어떤 상상이 우리를 자각하고 목표를 향해 적극적으로 움직이게 할까?

나쁜 습관을 없애는 간단한 방법

행동에는 두 종류가 있다.

'무엇을 하는 것'과 '무엇을 하지 않는 것'.

문제는 후자인데 금연이 대표적인 예다. 신경전달물질인 도파민을 대량 발생시키는 자극물질이면서 우리 주변에서 너무도 쉽게 구할 수 있는 것이 담배다. 자신도 모르게 의존하게 만들 뿐 아니라, 담배 맛에 길들여지면 니코틴의 중독성 때문에 흡연 습관에서 더더욱 벗어나기 힘들다.

그렇다면 이처럼 어려운 금연이라는 '행동'은 어떻게 해야 실현될까?

매사추세츠 대학교 정신과 교수인 저드슨 브루어는 젊은 시절

퇴역군인병원에서 이런 실험을 했다.

금연 희망자들을 대상으로 '약을 쓰지 않는 무료 금연 수업'을 진행하면서 습관의 고리에 대해 이렇게 설명했다.

"자극으로 인해 행동이 만들어지고, 보상으로 연결된다. 그리고 보상이 또 다른 자극이 된다. 그리고 중요한 것은 발단인 '자극'이다."

그는 금연 참가자들에게 '흡연 시 어떤 느낌이 드는지 의식해서 피워보고, 다음 수업 때 그 느낌이 어떤지 설명해 달라'는 숙제를 냈다.

효과는 절대적이었다. 어떤 여성은 바로 금연에 성공했다. 그녀는 그때까지 담배가 맛있다고 생각했는데 그 '맛'을 의식해보니 "냄새는 썩은 치즈 같고, 맛은 화학약품 같았다. 기분이 나빴다"라고 대답했다.

많은 사람이 자신의 나쁜 습관에 대해 "나쁜 건 알지만 그만둘 수가 없다(행동할 수 없다)"고 말한다. 하지만 진실을 모르고 있을 뿐이다. 지금 자신이 하고 있는 행동이 고통으로 이어진다는 것을 확실히 인식한다면, 인간은 자연스럽게 더 나은 쪽으로 행동할 수 있다. 거기에 의지력은 필요치 않다.

신경과학계의 권위자 데이비드 락은 그것을 이렇게 단적으로 표현한다.

"인간은 걸어서 다가가고 뛰어서 도망친다."

그리고 편리하게도 우리는 실제로 통증을 체험하지 않고도 상상력으로 그것을 미리 느끼며 자신의 지각을 바꿀 줄 안다.

고치고 싶은 습관이 있지만 행동으로 잘 옮겨지지 않는다고 느끼는 사람은 다음 1~4단계 질문에 답을 해보자.

나쁜 습관을 없애는 4단계 사고법
① 당신이 이대로 같은 습관을 안고 산다면 어떻게 될까?
② 최악의 경우 무엇을 상상할 수 있나?
③ 반대로 습관이 고쳐진다면 어떤 좋은 일이 일어날까?
④ 습관이 완전히 사라진 최상의 상태라면 당신은 무엇을 하겠는가? 72시간 안에는? 24시간 안에는? 앞으로 바로 할 수 있는 일은 무엇인가?

어떤가? 지금 당장 움직이고 싶지 않은가?

그렇다면 지금 당장이라도 습관 바꾸기 행동에 돌입하게 만드는 강력한 방법은 무엇일까?

그것은 꿈이 생기면 주변에 바로바로 '선언'하는 것이다.

주변 사람들에게 꿈을 선언하고 나면 그들은 당신에게 간간이 "그때 하고 싶다던 그 일은 어떻게 되어가고 있어?", "그건 잘 진행되고 있어?"라고 물어볼 것이다. 그들은 당신이 행여 뒷걸음질 치거나 제자리로 돌아가지 않도록 수시로 체크하며 응원하는 최고의 매니저가 되어줄 것이다. 이것이 성공한 사람들이 모두 무명 때 코치를 고용하는 이유다.

범죄도시의 재범률을 57%로 줄인 파격적 기획

일단 목표를 향해 걸음을 시작했다면 자신을 칭찬하고 인정해 주자. 많은 사람이 자신에 대해서는 장점보다 잘못이나 모자라는 부분만 보는 경향이 있다.

3장에서도 말한 바와 같이 우리는 언제나 뇌에 보상을 설정하고 보상에 따라 행동하게 된다. 0.01보라도 진척된 일은 그만큼 기대했던 보상을 챙겼다는 뜻이다.

그럼에도 마치 보상이 없었던 것처럼 행동하면 어떻게 될까?

뇌는 '기대했던 보상을 얻지 못했다'고 판단하고, 도파민 분비를 급격히 떨어뜨린다. 도파민이란 중뇌의 복측피개야에서 분비되는 신경전달물질로 '뭔가를 원하고 구하는' 동기부여의 원천이다. 즉, 스스로 자신의 성과를 인정하지 못한다면 자신감을 잃고 무기력한 삶을 살게 되는 것이다. 이것은 집단 차원에서도 중요한 부분이다.

캐나다의 리치몬드시는 한때 악명 높은 범죄 도시였다. 재범률이 무려 65%였는데, 특히 청소년 범죄가 끊이지 않았다. 그런 가운데 신임 서장으로 부임한 워드 클래펌이 틀을 깨는 놀라운 기획을 내놓았다.

'포지티브 티켓(칭찬 통지서)'

가령 '쓰레기를 휴지통에 버린다', '정해진 곳에서 스케이트보드를 탄다', '지각을 하지 않는다'라는 등의 선행을 한 청소년들을 보면 경찰은 즉시 이 통지서를 발부하는 것이다. 그리고 이 통지서가 쌓이면 극장과 커뮤니티센터의 무료입장권으로 바꿔주었다.

그러자 포지티브 티켓은 특전 이상의 의미를 갖게 되었다. 청소년들이 티켓을 모아 액자에 장식하는 일까지 생겼다. 보물지도처럼 말이다. 포지티브 티켓은 연간 4만 장이나 발부되었다. 그리고 10년 후 재범률은 무려 8%로 줄었다.

'착한 일을 착하다고 인정한다.'

단지 이것만 해도 이처럼 어마어마한 힘이 발휘된다.

자신을 인정하고 축복하기 위한 최고의 수단은 무엇일까?

맞다. 바로 보물지도다.

뭔가 조금이라도 잘한 일이 있다면 그 순간을 촬영해 보물지도에 붙여보자. 그리고 하루의 시작과 끝에 그 사진을 바라보자.

그것이 우리 스스로를 인정하는 가장 좋은 행위라는 사실을 명심하자.

실패는 공유를 통해 새로운 가치를 낳는다

인생에 실패는 따르기 마련이다. 하지만 실패가 꼭 나쁘기만 한 걸까? 여기 실패가 큰 성공을 가져온 예가 있다.

1969년, 미국 제조업체인 3M 연구실에서 한 남자가 매일 연구에 몰두하고 있었다. 그의 이름은 스펜서 실버. 그는 강력한 접착제를 개발하고 있었다. 하지만 접착제는 일정 수준의 접착력은 유지했지만, 종이에 발라도 스며들지 않고 쉽게 벗겨지고 말았다. 통념상 접착제는 한번 붙여놓으면 단단하게 유지돼야 하는데, 그런 기능이 없는 이 접착제는 한마디로 완전한 실패작이었다. 그런데 여기서부터 스토리가 시작된다.

그는 이 실패작을 숨기지 않고 회사 전체에 공개했다. 이런 실패작도 누군가에게는 쓰일 일이 있을 거라는 염원을 담아서 말이다. 그 염원은 5년 후 결실을 맺었다. 동료인 아서 프라이가 엉뚱한 데서 이 실패작의 위대한 가능성을 발견한 것이다.

프라이는 당시 교회 성가대에서 연습하고 있었다. 악보에 노래할 대목을 기억하고자 끼운 종잇조각이 자꾸만 바닥에 떨어져 짜증나던 참이었다. 그때 실버가 알려준 '실패작'이 떠올랐다. 그 실패작을 책에 붙여놓을 수 있는 책갈피를 만드는 데 이용하면 어떨까 하고 생각했다.

이렇게 해서 탄생한 것이 '포스트잇(Post It)'이다. 그 후 100개국 이상에 4천 종류가 판매되며 3M사의 대표 상품이 됐고, AP통신이 20세기 최고 히트 상품의 하나로 꼽을 만큼 흥행에 성공했다. 흔한 말로 '실패는 성공의 원천'이라고 한다. 그러나 사실은 '실패의 공유가 성공의 원천'이라고 할 수 있다.

어떤 실패에도 교훈이 있게 마련이다. 이 사례처럼 실패를 공유할 동료가 있다면 동료의 관점을 변화시키고, 틀을 깨고, 혼자서는 찾을 수 없던 가능성을 찾을 수 있다. 자신의 실패 경험이 동료의 성공에 밑거름이 될 수도 있는 것이다.

1초 에퍼메이션과 보물지도와의 대화

이어서 '길을 벗어나지 않는 기술'을 살펴보자.

질병에는 2가지 대처법이 있다. 즉, 매일매일 예방하는 것과 집중 치료다. 지금까지 '걸음을 멈추지 않는 기술'이 '집중 치료'라고 한다면, '길을 벗어나지 않는 기술'은 '매일의 예방법'에 해당한다. 길을 벗어나지 않기 위한 매일의 예방법이란, 날마다 습관적으로 자신을 돌아보고 올바른 길을 가고 있는지 확인하고 조정하는 것이다.

이때 도움이 되는 것이 '에퍼메이션(긍정 선언)'과 '보물지도와의 대화'다.

① 에퍼메이션

에퍼메이션이란 자기 자신에 대한 긍정적 선언이다. 여러 가지 방법이 알려져 있지만 다음 4가지만 알면 틀림없다.

① 말은 미래형이 아닌 현재형으로 표현한다. 가능하면 과거형과 미리 감사하는 형태로도 표현한다.
② 긍정적으로 표현한다.
③ 감정을 담는다. 몸을 움직인다.
④ 간단해서 자주 외우기 쉬운 문장을 만든다.

에퍼메이션을 활용할 때는 '생활하는 장소와 에퍼메이션을 연결할 것'과 '보물지도와의 대화'가 포인트다.

예컨대 아침에 거울 앞에 서서 "오늘도 최고의 날이 되었습니다! 감사합니다!"라고 에퍼메이션을 외치면 된다.

이렇듯 장소와 행동을 연결 짓는 것은 기억술의 비법이기도 하다. '장소 기억법' 혹은 '기억의 궁전'이라고도 불리는 이것은, 기원전 5세기 그리스의 유명시인 시모니데스가 무너진 연회장에 깔린 사람이 누구였는지 그들이 있었던 자리를 전부 기억해 내면서 시작되었다고 한다.

뇌가 기억을 되살리는 과정은 비선형이라서 질서가 없다. 그래서 자유로운 연상이 가능한 반면, 기억이 날 듯 말 듯 가물거릴 뿐 또렷하게 기억해내긴 쉽지 않다. 이때 '장소'의 이미지를 빌려 한 줄의 선을 만들면 기억을 떠올리기 쉽다.

② 보물지도와의 대화

보물지도를 마주 보며 대화를 나눌 때는 질문 내용이 매우 중요하다.

'내 꿈은 이건데, 나는 왜 아직도 제자리걸음일까?'
'내 꿈은 이건데, 나는 왜 아직도 아무것도 이루지 못하고 헤매고 있지?'

처음에는 많은 사람이 보물지도를 보며 이렇듯 부정적으로 질문한다. 3장에서 보았듯이 우리의 잠재의식은 곧이곧대로 듣는 습성을 가지고 있다. 부정적인 질문은 오히려 공포와 결핍으로 가득 찬 현실만 보게 되어 아무리 노력해도 허사가 되고 무기력해질 뿐이다.

그러니 꼭 보물지도를 보며 다음과 같은 질문을 해보자.

'어떻게 하면 내가 세운 꿈을 이룰 수 있을까?'
'꿈을 이룬 미래의 나라면 지금의 나에게 뭐라고 충고할까?'

그러면 자연스럽게 시각이 바뀌면서 새로운 아이디어가 생긴다. 질문 방식을 바꾸면 희망과 가능성으로 가득 찬 밝은 세계가 보인다.

이런 대화를 나누기엔 침실이 최적의 장소다. 긴장을 풀고 대화를 나눌 수 있다면 그 대화는 잠재의식에 더 깊이 각인된다. 또한 천장에 보물지도를 붙여놓고 누워서 바라보는 것도 좋은 방법이다.

이론물리학의 대가 카를로 로벨리 박사는 대학 시절 침실에 '10의 마이너스 33승'이라는 글자를 종이에 크게 써 붙여놓았다고 한다. '플랑크 길이'라고 불리는 이 숫자는 시간의 최소폭이다. 박사는 말한다.

"이 규모의 세계에서 무슨 일이 일어나고 있는지를 이해하는 것이 나의 목표였다."

이론물리학의 대가도 이런 보물지도 습관을 가지고 있었다.

마음의 결핍을 메우는
감사의 습관화

이상적인 미래를 꿈꾸며 인내심을 갖고 여기까지 읽은 당신은 반드시 꿈을 이룰 것이라고 믿는다. 다만 꿈과 이상에 너무 집착한 나머지 오히려 기회를 놓칠 수 있음을 유념해야 한다.

다음은 미국의 고전적인 퍼즐 문제다.

'마샤와 마조리는 같은 해 같은 달 같은 날에 태어났다. 하지만 둘은 쌍둥이가 아니다. 어떻게 된 걸까?'

여러분은 답을 찾았는가?
정답은 '세쌍둥이'이기 때문이다.

'쌍둥이'라는 틀에 사로잡히다 보면 문제의 답을 찾기 어렵다. 하지만 그 틀에서 조금만 벗어나도 자연스레 답이 보인다.

당신이 앞으로 살아갈 인생도 마찬가지다. 인생은 많은 도전이 기다리고 있다. 그러나 눈앞의 문제만 고집하다 보면 한 발자국도 앞으로 나아갈 수 없을 때가 있다. 그리고 예기치 않게 전혀 다른 방향으로 나아가다가 길을 잃을 수도 있다. 그래서 필요한 것이 '틀을 깨는' 기술이다.

반대적인 측면부터 생각해보자. 우리가 뭔가를 고집하는 건 어떤 때인가? 그건 '결핍'을 느낄 때다.

2011년 프랑스의 소피아 앙티폴리스 대학교에서 흥미로운 실험을 했다.

42명의 건강 상태가 좋은 학생들이 연구실에 개별적으로 모였다. 시각은 정확히 점심시간에서 3~4시간이 지난 무렵이라 학생들은 배가 고프기 시작했다. 그들은 입실하자마자 "준비가 늦어지고 있으니 나중에 오라"는 지시를 받았다.

실은 이때부터 이미 실험이 시작되고 있었다.

나중에 올 시간은 피험자에 따라 의도적으로 바꿨다.

10분 후에 오라고 지시받은 사람도 있었고, 식사하고 1시간 후에 오라는 지시를 받은 사람도 있었다.

목적은 단 하나. 배부른 학생과 배고픈 학생을 분류하기 위해서였다.

돌아온 학생들에게 즉시 테스트를 시작했다.

컴퓨터 화면에 단어가 제시되면 무엇이 보이는지 대답만 하면 되는 간단한 문제였다. 표시 속도는 30분의 1초. 정말 일순간이다. 단어 80개 중 20개는 'CAKE(케이크)'와 'BREAD(빵)' 등 음식에 관한 것이었다.

재미있는 결과가 나왔다.

케이크 등 음식 단어에 대해서만은 배고픈 학생이 배부른 학생보다 1.2배 더 정확히 대답했다.

'당연하지 않나?'라고 생각하는 분도 계실지 모르겠다.

하지만 이 실험의 의미는 더 깊은 데 있다.

1초의 30분의 1이라는 '초고속의 자극'에도 우리 뇌는 필요가 있으면 즉각 반응한다. 우리는 사실 그처럼 무의식적인 선택을 날마다 계속 행하고 있는 것이다.

배가 고파서 음식에 마음을 온통 빼앗긴 사람은 무의식중에 음식에만 반응을 보인다.

돈이 부족한 사람은 돈에, 애인이 없는 사람은 이성에, 시간이 부족한 사람은 시곗바늘에 항상 의식 없이 계속 반응한다.

언뜻 보면 목표를 열심히 추구하는 것처럼 보인다. 그러나 사실은 결핍 의식으로 끊임없이 '내가 갖지 못한 것'에 반응하는 것일 뿐이다.

그러나 여기에도 해결책은 있다.

의식이 자꾸만 나에게 없는 것, 즉 결핍된 것으로 향한다면, 반대로 '지금 내가 가진 것'으로 의식을 전환하면 된다. 말하자면 '감사하는 마음'이다.

다음 4가지 리스트를 써서 보물지도에 붙여놓고 수시로 보자.

미러클 리스트

지금까지 당신이 경험해온 훌륭한 일들을 써넣는다.

서포터 리스트

당신의 행복을 바라는 사람, 응원해준 사람, 호의를 가지고 있는 사람, 고객, 거래처, 도움을 준 사람의 이름을 써넣는다.

감사 리스트

감사한 사람, 당신이 감사하게 느끼는 것들을 써넣는다.

에너지가 되는 리스트

당신에게 에너지가 되는 음악이나 책 등 자랑스럽게 느끼는 것들을 써넣는다.

이 리스트가 아집에서 벗어나게 하고 자기 안에 내재된 자원을 깨닫게 한다. 그리고 마침내 당신은 스스로 만들어놓은 좁은 틀에서 벗어날 수 있다.

리스트를 통해서 꼭 한번 경험해보라. 지금까지 깨닫지 못한 가능성을 발견하게 될 것이다.

존경심은 지속적인 동기부여가 된다

여기서 더 중요한 것은 '동경'하는 존재와 연결되는 것이다. 동경하는 사람과 연결되면 우리는 쉽게 길을 잃지 않는다.

2003년에 예일 대학교에서 심리학자 그렉 월튼과 제프리 코헨이 학생들에게 수학 문제를 냈다.

그런데 거기에는 3가지 장치가 있었다.

장치 1

이 수학 문제는 원래 정답이 없는 문제였다. 연구자들은 피험자들이 얼마나 오래 문제에 집중하는지 조사하고 싶었다.

장치 2

피험자들에게 문제를 풀기 전 리포트 하나를 읽게 했다. 그것은 이전에 이 문제를 풀었던 한 대학생의 스토리였다. '장래의 꿈도 없이 대학에 진학했지만 수학에 흥미를 가지고 있었으며, 현재는 수학 교수가 되었다'는 이야기였다. 그런데 이는 사실 지어낸 이야기이고 대학생은 가공의 인물이었다.

장치 3

피험자 중 절반의 학생들에게 생일을 미리 물어본 뒤 '가공의 대학생'의 생일을 똑같이 바꿔놓았다.

단지 가공의 인물과 생일이 같다는 것만으로 동기부여에 어떤 영향을 미쳤을까? 결과는 충격적이었다. 생일이 같은 날로 설정된 절반의 피험자는 그렇지 않은 다른 피험자보다 65%나 더 오래 문제에 집중했다. 이렇듯 동경의 힘은 정말로 막강하다.

따라서 당신 안의 동경의 힘을 이끌어내는 작업을 소개하겠다. 긴장을 풀고 다음 4단계의 질문에 답을 해보자.

멘토 테이블의 4단계

① 신이라면 지금의 당신에게 어떤 메시지를 보낼까?

② 당신이 속한 분야의 대선배나 선생님이라면 지금의 당신에게 어떤 충고를 할까?

③ 아주 엄격한 사람이라면 지금의 당신에게 어떤 메시지를 보낼까? 반대로 사랑이 넘치는 사람이라면 어떤 메시지를 보낼까?

④ 성공한 미래의 나라면 지금의 당신에게 어떤 메시지를 보낼까?

자, 당신은 어떤 메시지를 받았는가?

'동경하는 존재와 연결된다'는 건 상대와 직접적으로 아는 사이가 된다는 뜻이 아니다. 당신에게는 상상력이라는 훌륭한 능력이 있고, 그것을 사용해 존경하는 상대의 메시지를 받아들이면 되는 것이다. 성공한 사람일수록 이 2가지를 매우 중요시한다. 아집의 틀을 깨고 언제라도 새로운 가능성을 찾을 수 있는 방법이기 때문이다.

내가 좋아하는 말 중에 '훈습(薰習)'이라는 불교 용어가 있다. 옷 사이에 방향제를 끼워놓으면 다음에 그 옷을 입을 때 은은하게 향기가 배어나오는 것처럼 어떤 냄새가 몸에 배는 것을 뜻한다. 이를 통해 불교에서는 좋은 스승의 뒤를 따라가다 보면 그 행동이나 사고방식, 사물을 보는 방법, 가치관 등이 자신의 몸에 밴다고 가르치고 있다.

동경하는 사람과의 사귐은 진정한 훈습의 실천이며, 확실한 성장의 양식이 된다.

7장

보물지도로 나만의 재능을 개발한다

내가 좋아하는 일로
다른 사람을 돕는다는 것

당신이 보물지도를 활용해 틀을 깨고 원하는 목표를 이룰 힘을 갖게 되면 좋아하는 일을 하며 사는 것도 쉬워진다.

상상해보자. 당신이 좋아하는 일 혹은 꿈을 이룬 미래의 당신이 세계에 미치는 영향을 말이다. 바야흐로 '좋아하는 일로 돈을 버는 시대'가 되었다. 더 나아가 '좋아하는 일이 세계를 구하는 시대'가 되었다.

2011년 9월 18일,《네이처 구조 분자 생물학》에 논문 한 편이 실렸다. '10년이 넘는 연구 끝에 인체면역결핍바이러스(HIV)와와 유사한 레트로바이러스에 사용된 효소의 지도를 그려내는 데 성공했다'는 내용이었다.

실로 획기적인 업적이었지만 그 이상으로 모두를 놀라게 한 점이 있었다. 이 발견에 이바지한 과학자들 명단 사이에 '폴딧 보이드 크러셔스 그룹(Foldit Void Crushers Group)'이라는 단체가 있었던 것이다. 비디오 게이머들로 구성된 그 단체에는 미생물학은커녕 과학 전공 경력도 없는 일반인이 대부분이었다.

2008년, 미국 워싱턴 대학교는 '폴딧'이라는 무료 게임을 발표했다. 플레이어들은 단백질의 구조에 대해 배운 후 3D 화면의 단백질을 접어서 그 형상으로 점수를 겨뤘다. 이를 통해 신약 개발에 필요한 단백질의 형상을 시뮬레이션화할 수 있었다. 게임을 즐겨 하는 사람들이니만큼 스킬은 점점 늘었다.

결과는 계획대로였다. 수천 명의 사람이 서로 경쟁하고 협업한 끝에, 3주 뒤에 미생물학자도, 컴퓨터도 하지 못한 일을 해냈다. 폴딧의 제작자 중 한 명인 데이비드 베이커는 "게임 플레이어들이 오래된 과학 문제를 풀어낸 첫 사례"라고 말했다.

지금은 더 이상 '내가 과연 좋아하는 일로 먹고살 수 있을까'를 고민할 필요가 없다. 당신이 정말 좋아하는 것과 유일한 재능이 세상을 구원할 수 있는 시대다. 이것이 인류 본래의 모습이라고 나는 생각한다.

어느 시대에도 성공하는 사람의 3가지 요소

그렇다면 인류의 본래 모습은 대체 어떤 것일까?

미국 드렉셀 대학교에서 '집에서 100마일(160km) 범위 안에서 구할 수 있는 재료로 양복 한 벌 만들기'라는 재미있는 프로젝트를 시작했다.

결과는 예상을 뛰어넘을 정도로 엄청났다. 506시간의 총 제작 시간과 20명의 인력이 들었고, 양 4마리와 사슴 1마리도 필요했다. 결국 필요한 재료의 8%는 100마일 안에서 구하지도 못했다.

이 실험을 보고 영국의 저명한 과학 저널리스트 매트 리들리가 이렇게 말했다.

"결국 주변에서 재료를 조달하면 싼 정장 값의 무려 100배가

든다는 이야기다."

물론 우리는 평소 이런 일을 하지 않는다. 필요한 건 일해서 번 돈으로 그 자리에서 구할 수 있다. 리들리는 이에 대해 이렇게 말했다.

"인류는 '교환'에 의해 '분업'을 발견했다."

"노력과 재능을 전문화시켜 서로 이익을 얻는 구조다."

교환과 분업은 우리의 머나먼 조상에게 3가지 선물을 안겨주었다.

첫 번째는 '안심감'이다. 자신이 뭘 하든 간에 상대가 가치만 인정해준다면 생활에 필요한 건 서로 나눌 수 있기 때문이다.

두 번째는 '시간'이다. 모든 걸 교환해서 얻을 수 있다면 절약된 시간은 자기 가치를 향상시키는 데 사용할 수 있다.

세 번째는 '신용'으로, 어쩌면 이것이 가장 중요할 수도 있다.

교환의 지혜는 유인원에게도 있었지만 즉석에서 대가를 치렀다. 하지만 우리의 조상은 달랐다. "봄에 산나물을 줄 테니 가을에는 해산물을 주십시오"라고 자신이 먼저 상대에게 가치를 주고, 대가는 나중에 다른 형태로 받는 걸 수용한 것이다. '주는 것은 받는 것이며, 먼저 나부터 준다'라는 황금률은 이때 생겨났다. 이것이 인류의 본래 모습이다.

AI시대에서 생존하는 4가지 인간다움

그렇다면 당신이 먼저 남에게 줄 수 있는 것은 무엇인가? 아마도 '일'이라는 형태가 대부분일 것이다.

2013년에 영국 옥스퍼드 대학의 칼 베네딕트 프레이 박사와 마이클 오스본 교수가 다음과 같이 발표했다.

'미국은 10~20년 이내에 노동 인구의 47%가 기계로 대체될 위험이 70%나 된다.'

당시 세계를 뒤흔들었던 충격적인 발표였다. 그러나 오스본 교수는 2019년 4월, 일본의 경제지 인터뷰에서 이렇게 말했다.

"더 중요한 것은 일자리를 잃는 한편 새로운 일자리가 생기는 것이다."

만약 당신의 일을 기계나 AI에게 빼앗길 것 같아도 걱정할 필요는 없다. 인간만이 할 수 있는 일을 만들어내면 되니까 말이다. 혹은 지금 하는 일에 인간다움을 더해 나가면 된다.

인간다움이란 다음 4가지의 힘이다.

① 상대의 감정에 공감하는 능력
② 이 사람이니까 믿고 선택한다는 신용력
③ 0에서 1을 창출하는 창조력
④ 언어화와 수치화할 수 없는 지혜를 전하는 장인력

이 4가지 힘이 상품이나 서비스에서 느껴진다면 우리의 감정은 움직이게 마련이다. 즉, '감동'하는 것이다. 하지만 기계나 AI는 감동을 할 수 없다. 감동은 인간만이 가능한 큰 특징이기 때문이다. 감동을 주는 일, 그것은 당신도 할 수 있는 일이다.

나의 가치를 높이는
나눔의 법칙

그렇다면 당신은 어떤 감동을 줄 수 있는가?

이제 당신의 가치를 만드는 법에 대해서 설명하려고 한다.

아직은 자기 가치에 자신이 없어도 괜찮다. 가치는 '만드는 것'이기 때문이다. 대부분 가치를 만든다고 하면 지금 상태에 뭔가를 보태려고 한다. 하지만 진짜 중요한 건 지금 있는 가치를 '나누는' 것이다.

가치는 나눌수록 배로 증가한다는 것을 보여준 실험이 있다. 바로 '가우제의 법칙'이다. G. F. 가우제가 효모나 원생동물을 이용해 실험한 결과 생태학적 지위가 동일한 종은 공존할 수 없다는 현상을 밝혀냈다. 그렇지만 공존하는 경우가 아예 없지는 않았다.

그 차이를 가른 것은 2가지였다. 사는 장소와 먹이가 달랐기 때문이다. 즉, 경쟁을 피해 각자의 영역에서 공존할 수 있었던 것이다. 당신의 가치도 이러한 '공존'이 필요하다.

그렇다면 구체적으로 어떻게 행동하면 좋을까?

여기서 내가 몸소 실천하고 있는 2가지 방법을 소개하겠다.

나의 가치를 높이는 첫 번째 방법은 '세 고리의 곱셈'이다.

성공을 거둔 사람 중에는 '100만 명 중 한 명밖에 없는 가치'를 지닌 경우가 있다. 참으로 부러운 능력이 아닐 수 없다. 하지만 당신도 가치를 높일 방법이 있다. 자기 안에서 "100명 중에서 1번!"이라고 외칠 만한 요소 3가지를 찾아 가치를 곱하면 된다. 다시 말해 $100 \times 100 \times 100$을 하면 100만이라는 수치가 나온다. 당신이 살아오면서 상을 받은 일도 좋고, 모두 앞에서 칭찬받은 일, 동료들을 놀라게 한 일도 좋다.

사실 보물지도도 이 콘셉트로 태어났다. 벌써 26년 전의 일이다. 당시에 꿈 실현이니 목표 달성이니 하는 장르는 없었다. 다만 '에퍼메이션(자기긍정 선언)', '마인드풀니스', '비주얼라이제이션' 같은 말들이 건재했다.

그렇더라도 나는 좌절의 연속이었다. 결국 그 방법들이 끊임없이 노력하라거나 끈기 있게 도전하라는 말들로 일관하다 보니 평범한 나로서는 진입 장벽이 너무 높았다.

그리고 무엇보다 꿈을 이루는 데 가장 가장 중요한 요소인 '현실을 바꾸는 행동'으로 이어지지 못했다. 하지만 거기서 나는 한 가지 사실을 발견했다. 이러한 고민을 나 아닌 다른 사람들도 많이 가지고 있다는 사실이다.

나는 생각했다. '꿈 실현'이라고 하는 요소에 무엇을 더하면 좀 더 많은 사람의 고민을 풀 수 있을까? 평범한 사람이라도 쉽게 지속할 수 있고, 감정을 움직여 행동으로 이어지게 할 방법은 없을까? 거기서 태어난 것이 3개의 고리였다.

① 꿈 실현
② 비주얼라이제이션(시각화)
③ 시스템(구조)

이 세 고리가 합쳐져 생겨난 것이 보물지도다.
사진을 활용해 이루고 싶은 꿈을 시각화해서 매일 보기만 해도 이루어지기 때문에 좌절할 일이 없다.

필요에 따라 수시로 사진을 바꿔 넣으면 언제든지 자신의 꿈을 자동으로 업데이트할 수도 있다.

그리고 실천자들로부터 획기적이라고 호평을 받은 것이 '시스템'이다.

그때까지 꿈이나 목표를 이루려면 혼자 생각하고 도전해야 한다는 편견이 있었다. 하지만 보물지도는 여러 사람과 함께 만들고 많은 사람에게 보여주는 구조를 가지고 있다.

주변 사람의 의견이나 응원을 통해 꿈의 한계를 극복하고 혼자서는 알 수 없었던 가능성을 발견하고 에너지를 얻게 된다.

시각화도 동료끼리 교류하는 시스템도 내가 처음 발명한 건 아니다. 원래 꿈 실현 장르에서도 나는 후발 주자다. 그런데 이 3가지 개념을 합친 사람이 당시에는 존재하지 않았다.

그렇다면 당신의 3개의 고리는 무엇인지, 다음 3가지 단계로 찾아보자.

세 개의 고리 찾는 법 3단계

① 당신이 속한 분야에서 반드시 바꾸고 싶은 점은 무엇인가?
② 그중에서 다른 사람도 크게 공감해주는 점은 무엇인가?
③ 그 점을 해결하기 위해 참고할 만한 사례는 무엇인가?

이 세 고리를 발견하고 나면 상상 이상으로 기쁨을 느끼게 될 것이다. 꼭 시도해보기를 바란다.

나의 가치를 높이는 두 번째 방법은 '내가 좋아하는 일을 직업으로 삼는 10가지 방법'이다.

① 좋아하는 일을 한다.
② 좋아하는 일을 쓴다.
③ 좋아하는 일을 남에게 말한다.
④ 좋아하는 일을 상품화한다.
⑤ 좋아하는 물건을 판다.
⑥ 좋아하는 일을 퍼뜨린다.
⑦ 좋아하는 일을 가르친다.
⑧ 좋아하는 일을 조합한다.
⑨ 좋아하는 일을 프로듀스한다.
⑩ 좋아하는 일을 하는 사람에게 서비스를 제공한다.

좋아하는 일을 한다는 것만으로도 이만큼 직업으로 삼을 선택지가 많아진다. 대부분 좋아하는 일을 한다고 하면 자신이 직접 무대에 서는 것을 상상한다. 그러나 그것은 아이디어의 하나일 뿐이다.

　내가 '보르텍스'를 설립한 계기는 해외에서 멘토를 초빙하기 위해서였다. 나도 10가지 방법을 모두 경험해왔지만 다 성공한 것은 아니다. 내가 중심이 되어 일을 진행하는 것보다 강사를 길러내고, 그들이 활약할 장소를 제공하는 것을 주 업무로 삼아왔다. 당신에게도 자신에게 가장 적합한 일이 있을 것이다. 보람차고 가치 있는 그 일을 꼭 발견하기를 바란다.

　'가치'를 만들었다면, 그다음에는 '전달하는 것'이 중요하다. 아무리 훌륭한 물건도 상대가 알아듣지 못한다면 존재하지 않는 거나 마찬가지니까 말이다.

　그것을 위한 '전달의 기술'은 5장에서 설명했다. BAS법, 스토리를 이용하는 방법 등을 떠올리면서 당신의 탁월함을 상대방에게 전할 수 있기를 바란다.

밝은 미래를 끌어당기는 행복의 씨앗 찾기

내게는 어떤 어려운 상황에서도 희망을 발견할 수 있는 입버릇이 하나 있다.

바로 "그러니까"라는 말이다.

돈이 없어, '그러니까' 돈을 벌자.
시간이 없어, '그러니까' 진짜 하고 싶은 일만 하자.
자신이 없어, '그러니까' 한 번만이라도 도전해보자.

아무나 쉽게 이룰 수 없는 꿈을 실현하고, 모두가 부러워하는 위치에 있는 사람들에게도 불안감은 있었다.

농구 황제 마이클 조던이 나이키 광고에 나와 이렇게 말했다.

"농구선수로서 나는 9천 개 이상 슛을 실패했고, 거의 300게임에서 패배했다. 26번이나 승패를 결정짓는 중요한 슛을 놓쳐버렸다. 나는 실패하고 실패하고 또 실패했다. 그것이 내가 성공한 이유다."

실패를 거듭하는 가운데에서도 그는 주저앉지 않았고 마침내 살아 있는 전설이 되었다.

그럼, 당신에게 질문하겠다.

"당신이 지금까지 실패한 횟수는 9천 번 이상인가?"

만약 그 이하라면 기뻐하자. 당신에게는 분명 또 다른 가능성이 있다.

만약 그 이상이라도 기뻐하자. 전무후무한 위업에 다가가고 있다는 의미이니까 말이다.

사람은 상상으로라도 목표점이 보였을 때 비로소 움직이기 시작한다. 그리고 기다리는 사람이 있다는 사실을 알았을 때 걸음을 멈추지 못한다. 반드시 당신의 바통을 기다리는 사람이 있다. 0.01보라도 좋으니 걸음을 멈추지 말자. 앞으로의 이야기는 당신이 연출해나가야 한다.

목표를 향해 도전하는 과정 속에서도 당신은 꾸준히 성장하고 있을 것이다. 하지만 도전에는 불안이 따르기 마련이다. 계획한 대로 진행하지 못하고 자꾸 삐끗하거나 낙담할 일도 생길 수 있다. 그땐 이렇게 생각하자.

'나는 지금 목표를 향해 가고 있다. 지금은 비록 목표가 저 멀리 있지만 이 순간에도 나의 행복 씨앗은 자라고 있다. 머지않아 그 씨앗은 아름다운 꽃을 피울 것이다.
내 안에 절대 잊히지 않는 꿈이 있고, 그 꿈을 이루기 위해 진심을 다해 도전한다면 그 꿈은 반드시 현실이 된다.'

당신에겐 보물지도라는 강력한 수단이 있다. 만약 꿈이 완벽하게 이루어지지 않는다 해도 기억하자. 그 주변에는 당신을 행복하게 만드는 씨앗이 반드시 있다는 사실을 말이다.

꿈이 마음의 문을 두드린다.
한 번 두 번 세 번 네 번 다섯 번……
반복하고 또 반복해서 두드린다.
당신이 꿈을 잊어버리기를 원치 않기 때문이다.
그리고 그 소리는 꿈을 이룰 수 있는 사람에게만,
다른 이들과 행복을 나눌 줄 아는 사람에게만 들린다.

'꿈은 이루어진다.
그리고 결국엔 이뤄질 꿈이기에
마음에 머문다.'

| 에필로그 |
포기하지 않으면 불가능한 꿈은 없다

지금까지 나는 이 책을 통해 밝은 미래에 이르는 방법을 전했다. 이는 결국 한 가지 행동으로 집약된다. 바로 '결정한다'는 행동이다. 미래는 결정한 사람 앞에만 나타난다. 그리고 그 사람에게는 기적이 연속된다.

'레그손 카이라'는 아프리카 남동부 니아살랜드(현 말라위)의 가난한 부족 마을에서 태어났다. 그의 즐거움은 선교사가 여는 일요학교였다. 그러나 가난한 마을에서는 공부할 여건이 주어지지 않았다. 더 배우기를 원하는 그에게 선교사는 책 2권을 건네주었다. 에이브러햄 링컨과 부커 워싱턴의 전기였다. 그는 미국의 대학교에서 공부하고 싶었다. 꿈을 이루기 위해서는 미국이 최선의 나라라고 생각했기 때문이다. 그에게 그 꿈은 너무도 무모했다. 바다를 건너기도 전에 항구도시 카이로까지 가는 데만 무려 4800km가 넘었다. 심지어 그는 신발조차 없었다. 하지만 그는 과감히 떠나기로 결정했다.

'결정한다'는 것은 맨발로라도 걷기를 시작하는 일이다.

마을에서 단 한 번도 나간 적이 없는 문맹자인 그의 부모는 미국이 어디 있는지 얼마나 먼 곳인지도 알지 못한 채 아들이 간다니 그냥 축복해주었다. 카이라는 5일치의 식량, 작은 호신용 도끼와 담요, 그리고 전기 2권만 들고 출발했다. 15개월 후 1600km를 걸어간 그는 우간다의 수도 캄팔라에 도착했다.

'결정한다'는 것은 지금 가진 자원을 최대한으로 활용하는 일이다.

그는 당분간 캄팔라에 머물기로 했다. 그곳에 넓고 방대한 도서관이 있었기 때문이다. 그는 거기서 모든 책을 읽기로 결심했다. 자신이 할 수 있는 일을 힘껏 하는 인간에게 미래는 가능성을 열어준다.

어느 날 그는 도서관에서 미국 워싱턴주 마운트버넌에 있는 스캐짓밸리 대학교의 안내책자를 보게 되었다. 그는 즉시 그 대학교의 학장에게 편지를 쓰기로 했다. 자신의 성장, 1600km를 걸은 여행, 그리고 꿈에 대해 적어 보냈다.

당시는 1960년대라서 우송료가 엄청났다. 답장은 좀처럼 오지 않았다. 그래도 그는 일해서 얻은 월급을 쪼개 몇 번이고 편지를 보냈다.

'결정한다'는 것은 진정성 있게 협력을 구하는 일이다.

그무렵 스캐짓밸리 대학교 학장은 이미 첫 편지를 읽고 그의 용기와 결의에 감동했다. 학장은 카이라에게 입학을 허락하고 장학금과 숙식을 해결할 일자리까지 제공해주겠다고 답했다. 카이라는 말할 수 없이 기뻤다. 하지만 곧 중요한 사실을 깨달았다. 그동안 교통수단을 전혀 이용하지 않고 걷기만 해서 여권의 존재를 몰랐던 것이다. 더구나 여권 신청에 필요한 출생증명서 취득도 어려웠다. 하지만 그는 망설임 없이 예전에 자신에게 책을 선물해준 선교사를 수소문해 도와달라는 편지를 보냈고 그들의 도움을 받아 여권을 만들 수 있었다. 이제 남은 문제는 미국으로 가는 항공요금이었다.

'결정한다'는 것은 지금까지의 자신을 버리는 일이다.

그는 더 이상 맨발로 버텨서는 안 된다는 것을 직시하고 신발을 사서 카이로를 향해 계속 걸었다. 어떻게든 돈을 구할 수 있으리라 믿고서 말이다.

그 무렵 스캐짓밸리 대학교에서는 큰 반향이 일어났다. 카이라의 용감한 사연이 학교와 지역에 퍼졌기 때문이다. 학교 차원을 넘어서서 지역 전체가 모금 활동을 펼친 끝에 항공비 650달러를 모금해 보내주었다.

1960년 12월, 카이라는 마침내 스캐짓밸리 대학교에 당당하게 입학했다.

이 이야기의 포인트는 단 하나다. 바로 카이라가 허황된 꿈을 안고 맨발로 마을을 떠나서 떳떳하게 대학에 입학할 때까지 2년밖에 걸리지 않았다는 사실이다.

'결정'하면 미래도 당신을 기다린다. 그리고 당신을 향해 걸어와준다.

자아실현에 나이는 상관없다. 행동을 바꾸면, 습관이 바뀌고, 자신을 바꿀 수 있다. 자신이 변하면, 미래가 바뀌고, 세상을 바꿀 수 있다.

자, 오늘부터 당신의 새로운 보물지도가 시작된다.

이 책을 다 읽은 후 보물지도를 만들어 날마다 3분씩 바라보라. 단지 그것만 해도 당신에게 분명 앞으로 좋은 일만 일어날 것이다.

만약 인생길을 걷다 길을 잃는 일이 생긴다면 멈춰 서서 마음의 소리에 귀 기울여보라. 그리고 마음의 소리를 보물지도에 담아보자. 자기만의 보물지도를 가지고 당신의 생각대로, 그리고 행복하게 살아가고 있는 당신을 언젠가 꼭 직접 만날 수 있기를 바란다.

"신이 인간에게 불가능한 꿈을 주실 때는
그것을 도와주겠다는 의미다."

레그손 카이라

마법의 보물지도

초판 1쇄 인쇄 2021년 11월 10일
초판 1쇄 발행 2021년 11월 17일

지은이 모치즈키 도시타카
옮긴이 은영미
펴낸이 이종근

펴낸곳 나라원
출판등록 1988년 4월 25일 제300-1988-64호
주소 서울 종로구 종로53길 27 나라원빌딩 (우. 03105)
전화 대표 02-744-8411
팩스 02-745-4399
홈페이지 www.narawon.co.kr
이메일 narawon@narawon.co.kr

ISBN 978-89-7034-286-3 (03320)

*잘못된 책은 구입처에서 바꿔드립니다.
*책값은 뒤 표지에 있습니다.

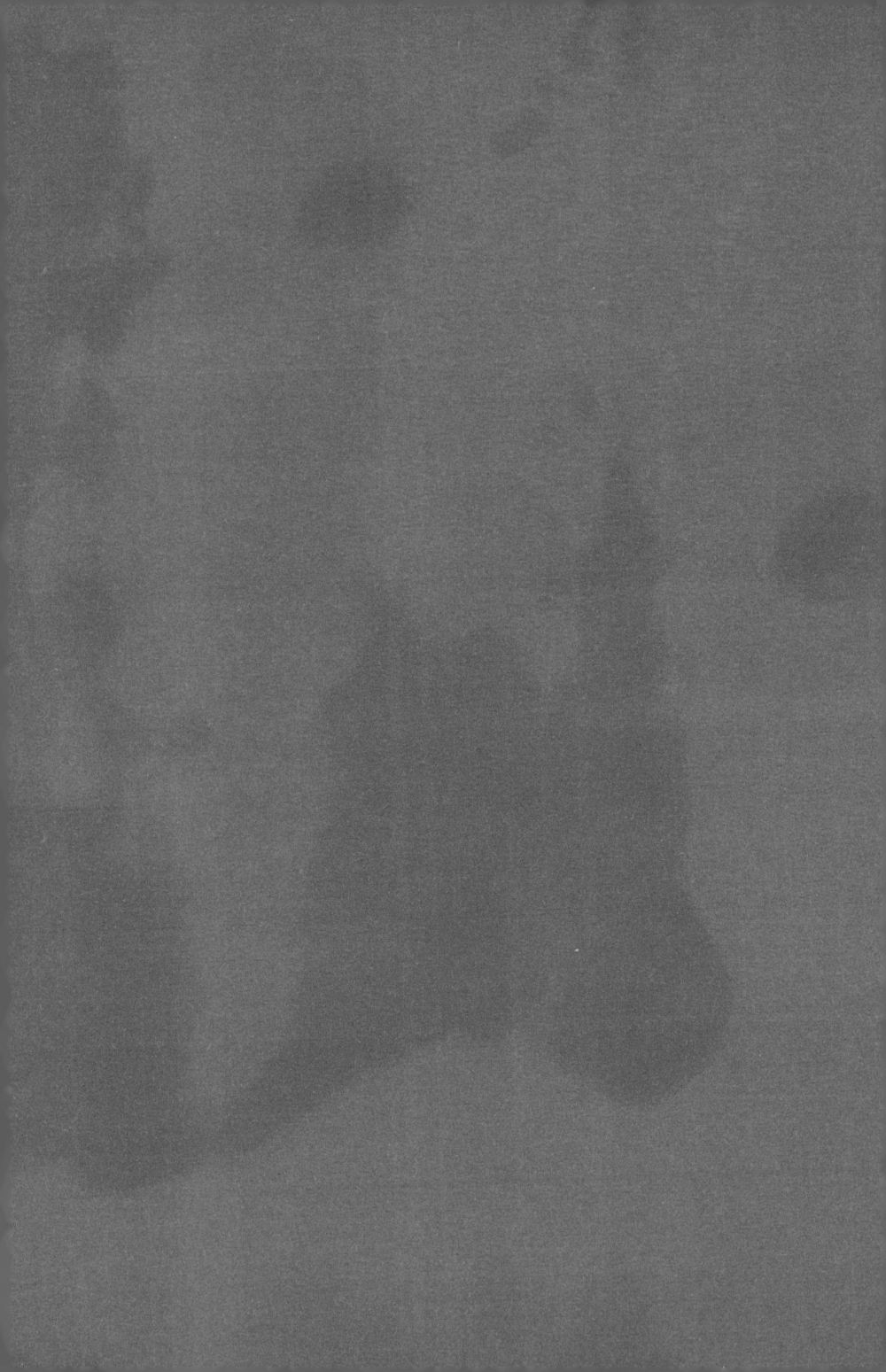